AF174553

HÉLDER CÁMARA
EL PROFETA DE LA NOVIOLENCIA

Francisco Rey Alamillo

HÉLDER CÁMARA
EL PROFETA DE LA NOVIOLENCIA

EDITORIAL ANAWIN
2026

© Del texto, Francisco Rey Alamillo, 2026
© De esta edición, Editorial Anawim, 2026

Cubierta maquetada por María Giménez-Arnau
Web: mariagimenezarnau.com

ISBN: 978-84-128851-8-7
Dpto. legal: M-2629-2026

Editorial Anawim S.L.
CIF: B-10812618
C/Condesa de Venadito 17, 4ºD
28027 Madrid
Web: anawim.es
Información y propuestas: anawimperiodico@gmail.com

Está permitida la reproducción total
o parcial de este libro citando la autorí

Dedico este trabajo a los empobrecidos
y descartados de la Tierra.
A mi madre Eleuteria,
a mi esposa Belén;
a mis hijos bolivianos Isabel y Mario,
a mi hijo Bruk, etíope,
a mi hija Cristina, nacida en España,
y a mis nietos: Selena, Matías y Guillermo.

«Nunca se debe temer la utopía.
Me agrada decir y repetir:
Cuando se sueña solo, es un simple
sueño.
Cuando muchos sueñan el mismo
sueño, ya es la realidad.
La utopía compartida es la pieza
impulsora de la historia»
Dom Hélder Cámara

A Dom Hélder Cámara le
gustaba repetir:
«Mira cómo vives.
Quizás sea este el único Evangelio
que tu hermano lea»

ÍNDICE

7

PRESENTACIÓN

«El mundo moderno desborda hoy
de hombres de negocios y de policías,
pero le hacen mucha falta
unas cuantas voces liberadoras»

George Bernanos

Hélder Cámara, el «obispo de los pobres», nació en Fortaleza, Brasil, el 7 de febrero de 1909 y murió en Recife el 27 de agosto de 1999; fue uno de los más claros símbolos de la lucha por la justicia social y la libertad frente a la miseria y la explotación del Tercer Mundo. *The Sunday Times* lo definió como *«el hombre más influyente de América Latina, después de Fidel Castro»*.

El arzobispo de Olinda y Recife fue, una figura legendaria de la resistencia contra la dictadura brasileña que gobernó entre 1964 y 1985. Condenó el golpe militar y eso le valió de inmediato la acusación de «comunista, demagogo y libertino» de parte de las nuevas autoridades. No vaciló en acudir a los medios de comunicación para denunciar las injusticias y el atropello de los derechos humanos. Predicó en Brasil y en el ámbito internacional una fe cristiana comprometida con las reivindicaciones de los empobrecidos y la noviolencia. Fue uno de los principales promotores del movimiento de noviolencia activa en el mundo.

Con estas palabras animaba a los jóvenes a no abrazar la violencia como medio para el cambio social: *«Si gasto con alegría el resto de mi vida, de mis fuerzas, de mis energías en exigir justicia, pero sin odio, sin violencia armada, a través de la presión moral liberadora, a través de la verdad y del amor, es porque estoy convencido de que sólo el amor es constructivo y fuerte»*.

9

A los 25 años de su muerte este pastor de pequeña estatura —pero que hizo obras muy grandes— era recordado por monseñor Paulo Jackson, arzobispo de Olinda y Recife y segundo vicepresidente de la Conferencia de Obispos del Brasil (CNBB): «*se convirtió en el gran portavoz de los derechos humanos, de la justicia y de la fraternidad cuando vivíamos en el país un momento tan doloroso de la guerra militar. Lo que no pudo decir dentro del país lo dijo en Francia, en la ONU, en Nueva York, dondequiera que estuviera. Entonces la voz de Dom Hélder cobró enorme fuerza, siendo la gran voz en defensa de la vida y los derechos humanos en nuestro país. No sorprende que haya sido nominado cuatro veces al Premio Nobel de la Paz*».

El punto culminante de su acción profética fue el discurso pronunciado en París, en 1970, para denunciar las torturas que se practicaban en Brasil. Esa denuncia le valió una persecución sistemática que duraría hasta el fin del régimen militar. Fue amenazado de muerte en varias ocasiones; su casa fue ametrallada y sufrió varios atentados. Su compañero y colaborador, el padre Antonio Henrique Pereira, fue torturado y asesinado cruelmente. «*En el necrosomio... en que el cadáver fue entregado por los médicos forenses viví un adelanto de mi propia muerte*», escribía Dom Hélder a sus amigos el día del martirio de su amigo.

Los generales organizaron una campaña internacional de calumnias, acusándole de ser un «obispo rojo», un «obispo comunista»... Esta campaña de difamación, orquestada a nivel internacional, consiguió impedir que le dieran el Premio Nobel, al que fue nominado en cuatro ocasiones. Sin embargo, su amigo el papa Pablo VI tenía gran confianza en él, y siempre le brindó su apoyo. Del mismo modo, aún hoy existen intentos de desacreditar su figura para obstaculizar su proceso de beatificación por parte de la Iglesia.

El papa Francisco comentó a unos jóvenes belgas que lo entrevistaron: *«Escuché a una persona que dijo: "¡Siempre hablando de los pobres! ¡Este Papa es un comunista!" ¡No!, esta es una bandera del Evangelio: la pobreza sin ideología, los pobres son el corazón del Evangelio de Jesús».* Muchos años antes, el *obispo rojo* —como lo llamaban sus adversarios— había usado una expresión muy parecida. Tras afirmar que *«los pobres están en el centro del Evangelio»*, el papa Francisco, en un discurso a la curia romana en 2021 recordó las palabras de quien ha comenzado su proceso de canonización[1], pero que en el corazón de la gente y del Papa, es un santo: *«Me viene a la mente lo que decía aquel santo obispo brasileño: "Cuando me ocupo de los pobres, dicen de mí que soy un santo; pero cuando me cuestiono y pregunto: ¿Por qué hay tanta pobreza?, me dicen comunista"».*

En cierta ocasión le preguntaron a Dom Hélder: *«A usted le llaman el "obispo rojo", el "prelado de los pobres"; dicen que profesa ideas comunistas».* Y él contestó con serenidad: *«Todo eso es absurdo. El celo apostólico no debe reconocer otros agregados. Lo que pasa es que quienes se enriquecen en base a la miseria de los demás pretenden desconocer que el comunismo encuentra campo propicio, precisamente, en esa miseria que ellos provocan y acrecientan. Todos están de acuerdo con la caridad, con la limosna; entienden que eso está bien. Pero cuando alguien habla de hacer las reformas para que ya no sean necesarias esa caridad[2] ni esas limosnas, entonces está mal y le tildan de revolucionario, de comunista».*

---

[1] Siervo de Dios: título que reconoce el inicio oficial de un proceso de canonización. El paso siguiente, la beatificación, autoriza su culto público en una región o país y exige reconocimiento de virtudes y, generalmente, un milagro. Y por último la canonización que lo declara santo para toda la Iglesia universal. Es un reconocimiento definitivo y requiere generalmente, un segundo milagro.

[2] Hablaba Dom Helder de aquel concepto deforme de *caridad* de uso coloquial que pretende legitimar las situaciones injustas mitigando en algo sus efectos nocivos y prohibiendo el remover las causas de las

Dom Hélder, ejemplo de una Iglesia presente en las periferias geográficas y existenciales, nunca se distanció de los pobres, a pesar de haber sido abiertamente perseguido por la dictadura militar.

El Francisco de Asís del siglo XX

Otro de los aspectos en los que se asemejan Dom Hélder y el papa Francisco es su modelo franciscano. Ambos soñaron con una Iglesia más pobre, más servidora, más humana y más cercana.

En los escritos del obispo brasileño abundan las referencias al santo de Asís. En una circular de 1964 escribía: *«San Francisco nutría un profundo amor por la Iglesia; fue uno de los más grandes innovadores que Dios ha suscitado; después de Cristo y la Virgen, nadie ha entendido y amado a los pobres como él».*

Las últimas palabras de su profético libro, *El desierto es fértil,* acaban con esta invocación: *«Hagamos en fin nuestra la plegaria de san Francisco de Asís, y que el ideal de nuestra vida no sea otro que ponerla en práctica: Señor, haz de mí un instrumento de tu paz: donde haya odio, ponga yo amor, donde haya ofensa, ponga yo perdón, donde haya discordia, ponga yo armonía, donde haya error, ponga yo verdad...»*[3].

---

pobrezas. Auténtica caridad, amor de Dios, presupone la lucha por la justicia, y aun la supera amando a los opresores para que dejen de serlo.

[3] La oración completa continúa así: *«donde haya duda, ponga yo la fe, donde haya desesperación, ponga yo esperanza, donde haya tinieblas, ponga yo la luz, donde haya tristeza, ponga yo alegría; que no me empeñe tanto en ser consolado como en consolar, en ser comprendido, como en comprender, en ser amado, como en amar, porque dando se recibe, olvidando se encuentra, perdonando se es perdonado, muriendo se resucita a la vida»*

Muchos no han dudado en calificar a Dom Hélder el *Francisco de Asís* del siglo XX. El *Osservatore Romano* escribía el 26 de febrero de 1971: «*Dom Hélder es un hombre de Dios, un hombre de Cristo, un hombre de los pobres como san Francisco de Asís*». El obispo misionero Pedro Casaldáliga tuvo una alta consideración por Hélder Cámara: «*fue una de las máximas figuras de la Iglesia en este siglo, y no sólo de la Iglesia Católica, lo ubicaría al lado de Gandhi (líder hindú) y de Martín Luther King (el defensor estadounidense de los derechos ciudadanos*». Por su parte cardenal brasileño Paulo Evaristo Arns, amigo y admirador suyo, destacó que el rasgo más importante de su personalidad fue su «*fidelidad a la Iglesia y al pueblo de Brasil y de América latina*».

Una vez, cuando le preguntaron por qué la gente lo llamaba «Dom», respondió con la gracia que lo caracterizaba que alguien les sopló que «Dom» (don) era una delicadeza, un regalo de Dios, y que él era nuestro regalo.

Por otra parte, Dom Hélder fue también signo de contradicción. El influyente filósofo y escritor marxista Jules Régis Debray —amigo de Fidel Castro y Che Guevara— y defensor de los grupos guerrilleros, declara en una entrevista a Oriana Falacci: «*Hélder Cámara es un valiente, pero es también un reaccionario porque condena la violencia*». El concejal de la Cámara Municipal de Recife, Wandenkolk Wanderley, lo acusó públicamente: «*estar traicionando a la Iglesia, es un sacerdote deshonesto. Vive provocando el odio entre campesinos, obreros y la gente sufrida de la región. Merece la más airada repulsa de todos los católicos bien intencionados. Es un instrumento del comunismo. ¿Por qué no pide al Papa que le transfiera a Cuba, Moscú o Pekín?*». Sin embargo, el Cardenal Maurice Roy en una carta a Dom Hélder le manifestaba el afecto y el apoyo de Pablo VI: «*...Su santidad sólo tuvo palabras de confianza y afecto cuando le hablé de usted. El papa siempre tiene para con usted los sentimientos que él ya le manifestó y que deben servirle de consuelo cuando da lo mejor de sí mismo en la* *implantación de la obra en pro de la justicia y de la paz, que será la gloria del pontificado de su santidad».*

Profeta de la Iglesia de los pobres

Dom Hélder puede ser considerado un predecesor de la Iglesia de Francisco y del actual papa Leon XIV, un icono de una Iglesia pobre y de los pobres, como lo demuestra su papel como principal inspirador del *Pacto de las Catacumbas*[4] durante el Concilio Vaticano II y una de sus figuras claves. Una Iglesia de las periferias, donde siempre vivió con gran austeridad siendo arzobispo, una Iglesia en salida y misionera, cercana y samaritana, una Iglesia que busca el diálogo y vive la sinodalidad como principio. Recordemos las palabras de Juan XXIII del 11 de septiembre de 1962, un mes antes de la inauguración del Concilio: *«La Iglesia se presenta como es y desea ser, como la Iglesia de todos, y particularmente la Iglesia de los pobres».*

En un mundo marcado por la violencia y el empobrecimiento de millones de personas descartadas en el llamado Tercer Mundo, donde la riqueza, el poder, el acceso a la educación y a la salud se concentran en pocas manos, las palabras de Dom Hélder Cámara claman justicia: *«algunos no duermen porque tienen hambre y otros no pueden dormir por miedo a los que tienen hambre».*

Para este arzobispo brasileño, un gigante del compromiso con la justicia y la protección de los derechos de los más vulnerables, *«la Iglesia precisa cambiar constantemente para ser siempre la misma Iglesia de Jesucristo».*

Fue un profeta preocupado por la Iglesia de nuestro tiempo. Se preguntaba: *«¿Qué hemos hecho del mensaje de Cristo?*

---

[4] En el anexo final de este libro puede leerse el documento íntegro del Pacto de la Catacumbas.

La multitud de los excluidos, de los olvidados, de los sin techo, de los sin tierra, de los sin nada, ¿cómo pueden creer aún que el Creador es un Padre que los ama, si nosotros, que osamos llamarnos cristianos, que tenemos todo, seguimos dejando sus platos vacíos? ¡Nosotros no somos sólo creyentes! ¡Tratemos de ser creíbles!». Asimismo, señalaba: *«Infelizmente, los cristianos —y pienso en todo el pueblo de Dios— estamos lejos de estar libres del engranaje capitalista, lo que quita mucho de nuestra fuerza moral para condenar las estructuras injustas y para exigir que sean reformadas».*

El papa Francisco recordó en la encíclica *Fratelli Tutti*: *«¡Qué importante es soñar juntos! (...) Solos se corre el riesgo de tener espejismos, en los que ves lo que no hay; los sueños se construyen juntos».* Y eligió una hermosa frase de Dom Hélder para abrir su mensaje en el encuentro anual de las Semanas Sociales de Francia (2021): *«Cuando sueñas solo, es solo un sueño; pero cuando sueñas con otros, es el comienzo de una nueva realidad».*

Podemos decir que Dom Hélder fue un hombre capaz de construir caminos comunes y organizar la esperanza a partir de los pequeños, de los que no cuentan. Tenía el don de descubrir la grandeza escondida en lo sencillo y de mostrar —y lo demostró con su vida— que la suma de los pequeños, de los humildes, puede levantar montañas, como lo enseñó Jesús y que en el corazón del Evangelio arde la promesa de que los últimos serán los primeros. Su fuerza no nacía del poder ni de los discursos, sino de su cercanía con los pequeños, con los que el mundo no cuenta. Su vida fue una parábola viviente del amor eficaz, ese amor que no se resigna ante la injusticia, sino que la enfrenta con la fuerza de la verdad y la dulzura de la noviolencia.

Murió a los 90 años, el 27 de agosto de 1999, en su humilde casa de Recife, rodeado de sus seres queridos. En agosto de 2024 se conmemoró el 25.º aniversario de su partida. Su proceso de beatificación, iniciado en 2015, continúa avanzando. Actualmente es considerado «Siervo de

Dios». En 2021, la Santa Sede recibió el extenso dossier sobre su vida y obra compuesto por dieciocho tomos con más de sesenta mil páginas. En noviembre de 2022, el Vaticano aprobó la validez jurídica de los documentos —más de 500 kilos— enviados desde Brasil para justificar su causa.

Monseñor José Albérico, entonces secretario general del Congreso Eucarístico Nacional de Brasil declaró en 2020, en Recife —la diócesis que Dom Hélder pastoreó—: «*Ya sabemos que hay un milagro que podría atribuirse a la intercesión de Dom Hélder, pero en este asunto se necesita confidencialidad*». Más allá de los procesos canónicos, millones de pobres, oprimidos y descartados del mundo ya lo consideran santo, porque su vida fue un evangelio hecho carne, una lámpara encendida en la noche de la injusticia. Para ellos, su vida fue milagro suficiente.

Somos muchos los que tuvimos y tenemos a Dom Hélder como un testigo, guía y referente en nuestras vidas. En agosto de 1989, algunos tuvimos la gracia de convivir con él durante varias semanas en el pueblo gallego de Sarria, en el colegio de la Merced. Quien escribe pertenece a una generación que tuvo en su juventud a Dom Hélder como un referente de la Iglesia en salida, con los pobres y de los pobres, que soñaba con transformar el mundo sin derramar sangre, sino derramando amor. Dom Hélder Cámara fue —y sigue siendo— «la voz de los que no tienen voz». Escuchábamos con alegría sus palabras y difundíamos con entusiasmo sus libros en la editorial *Voz de los sin Voz*, llamada así en homenaje a él.

Entre sus obras más conmovedoras se encuentra *Sinfonía de los dos mundos*, un poema audiovisual con el que despertaba conciencias frente a la injusticia entre el Norte y el Sur. En 1985, él mismo viajó a España para estrenar dicha sinfonía, conmoviendo al público en la abarrotada basílica de Santa María de San Sebastián. Allí resonaron las palabras de este poeta y profeta, peregrino de la paz y de la noviolencia:

«Atención, hombres, hermanos míos: la violencia número uno es la miseria —miseria que engloba infra-alojamiento, infra-trabajo, infra-diversión, infra-salud, infra-vida, opresión, dominación—.

La violencia es la guerra; la violencia es la miseria.

La verdadera guerra es la miseria...

¿Quién quitará esas estructuras que aplastan a millones de hijos de Dios y que matan más que las guerras más sangrientas?

¿Quién va a ganar, hombre, hermano mío?...

El Espíritu sopla en medio de la noche.

Es medianoche en el mundo...

Pero ¿cómo olvidar que Tú, Hijo de Dios, quisiste nacer precisamente a medianoche?

¿Cómo olvidar que tanto más bella es la aurora cuanto más sombría es la noche?

¡Cuando Dios ayuda a los niños, hacen temblar a los gigantes!

Porque el amor es más fuerte que el odio»

Sus palabras siguen ardiendo hoy como una llama suave y firme. Dom Hélder Cámara fue, y es, rostro de la revolución noviolenta, el testimonio de que la fe puede y debe ser lucha y ternura a la vez, y que solo el amor tiene la última palabra.

«No estoy solo, estoy con Dios»

Conocí a Dom Hélder Cámara en agosto de 1989, en el Aula *Malagón Rovirosa* del Movimiento Cultural Cristiano (MCC) y el Colectivo *Con los pobres de la Tierra*. Había sido invitado en el marco de la Jornada Mundial de la Juventud celebrada en Santiago de Compostela por un hombre singular: Julián Gómez del Castillo, obrero socialista, cristiano converso y pobre, pero inmensamente rico en fe y esperanza. Fue él quien abrió el camino para que Dom Hélder llegara hasta nosotros. Julián, verdadero profeta laico, dedicó su vida a promover una militancia cristiana pobre y comprometida, convencido de que el Evangelio solo se entiende de rodillas ante los pobres. Presidió la insigne Editorial *ZYX*, cuya línea editorial fue servir al movimiento obrero, a la militancia cristiana y resistir la dictadura franquista. Años más tarde impulsó las ediciones *Voz de los Sin Voz*, inspiradas precisamente en la palabra y el espíritu de Dom Hélder.

Sin duda, Julián Gómez del Castillo fue uno de los grandes difusores del pensamiento y del alma de Dom Hélder en España. Entre los libros publicados por *ZYX* —que sufrió persecución en tiempos oscuros de censura y represión— destacan *La rebelión de los economistas; Cristianismo, socialismo, capitalismo; Pobreza, abundancia y solidaridad; Evangelio y justicia; y La Iglesia en el desarrollo de América Latina.* Y en las ediciones *Voz de los Sin Voz* brillan títulos como *Razones para luchar, y El Evangelio con Dom Hélder.* Todos ellos, junto a artículos, testimonios y recuerdos, han sido fuente viva para la elaboración de esta biografía.

Aquel «obispo de las favelas», ya anciano, con más de 80 años, pero lleno de un entusiasmo juvenil contagioso, fue para nosotros un verdadero don. Su sola presencia irradiaba paz y alegría. Tuvimos la dicha de convivir con él durante varias semanas: compartimos la mesa y la palabra, rezamos juntos los laudes, y —¡cómo olvidarlo! — celebramos cada día la Eucaristía. En el momento de la consagración, su rostro parecía transfigurado, como si el amor de Cristo, el amor que lo había consumido toda la vida, se hiciera visible en su mirada.

Recuerdo una escena que se ha quedado grabada para siempre en mi memoria. Un día lo vi caminar, lentamente, hacia el pequeño cementerio del pueblo gallego de Sarria, justo frente al lugar donde nos reuníamos. Me sorprendió verlo solo, frágil, envuelto en su sotana blanca, como un profeta perdido entre los cipreses. Con cierta ingenuidad me acerqué y le dije:

—Dom Hélder, le veo muy solo.

Él me miró con ternura, sonrió con esa paz de quien ha hecho las paces con Dios y con el mundo, y me respondió:

—No estoy solo, estoy con Dios.

Aquella frase, pronunciada con la serenidad de un santo, fue como una semilla que quedó latiendo en mi corazón. Dom Hélder no solo estaba con Dios: Dios habitaba en él, en su palabra, en su mirada y en su lucha. Era un hombre que había aprendido a amar como Cristo amó: sin violencia, sin rencor, pero con una pasión ardiente por la justicia. Su revolución fue la del Evangelio, la de las Bienaventuranzas: una revolución noviolenta, nacida del amor y sostenida por la fe.

El burro que lleva a Cristo

Recuerdo que en algunas de sus charlas, Dom Hélder nos habló de la humildad. Con su voz pausada y su mirada encendida por la ternura, nos contó que en uno de sus encuentros con Madre Teresa de Calcuta —aquella mujer frágil y firme, tan pequeña y tan grande—, le preguntó:

—¿Qué hacer cuando la multitud te aplaude?

Y nos dijo que la santa le respondió con una sonrisa:

—No soy más que el burro que lleva a Jesús

Aquella imagen, tan simple y tan luminosa, se quedó grabada en mí. Cada vez que la recuerdo, vuelve a pasar por mi corazón la enseñanza de otro santo de nuestro tiempo: Guillermo Rovirosa, también en proceso de beatificación. Fue el primer presidente de la Editorial ZYX y el apóstol del mundo obrero cuando la pobreza en España tenía rostro de fábrica, de mina y de jornal. A los militantes cristianos pobres de la Hermandad Obrera de Acción Católica (HOAC) les dirigía estas palabras que hoy suenan proféticas:

> *Vamos a meditar ligeramente sobre la borriquilla.*
>
> *¿Qué papel desempeñó en la apoteosis "de masas" de aquel Domingo triunfal?*
>
> *La borriquilla llevaba, sin interés personal alguno, a Cristo.*
>
> *Cumplió su cometido con fidelidad y después volvió a la oscuridad de sus tareas, sin envanecerse por su privilegio circunstancial.*
>
> *¿Qué utilidad tuvo su intervención? La de conseguir, sencillamente, que vieran a Cristo aquellas personas que estaban lejos de Él.*
>
> *¿No es precisamente ésta la misión que nos ha dado la Iglesia a los militantes cristianos: la de hacer visible a Cristo en medio del mundo?»*

La borriquita es símbolo de humildad y sencillez, de ese Evangelio que no hace ruido, pero transforma silenciosamente la historia. Dom Hélder lo expresaba con la claridad de un alma probada: *«Sin humildad y sin amor no se puede dar un solo paso en el camino del Señor. Con las pequeñas cosas, Cristo hace grandes cosas. Sin humildad, se mira hacia abajo desde lo alto de la propia perfección, y no se comprenden las maravillas que Cristo saca de la debilidad humana, y eso es ridículo».* Y añadía, como quien conoce el peso de la cruz cotidiana: *«Hay que amar las pequeñas humillaciones. Una pequeña humillación, por ejemplo, es cuando uno pone en un trabajo todo su esfuerzo, toda su inteligencia, todo su amor, y ese trabajo es recibido con indiferencia, fríamente, como si uno no hubiera puesto el corazón. El Señor me ha hecho descubrir que no se llega a la verdadera humildad sin grandes humillaciones, sin humillaciones inmensas».* Cuando Dom Hélder hablaba —apasionado, luminoso, incansable— del hambre y de la sed de justicia, su voz se convertía en un clamor universal. En las universidades de todo el mundo, en las grandes plazas de las ciudades, su cuerpo menudo, de apenas metro sesenta, se erguía como un testimonio vivo. Con las manos alzadas hacia el cielo, su figura delgada adquiría una grandeza imponente, como si en ese instante fuera un monumento de amor y de denuncia. Y, sin embargo, cuando los aplausos lo envolvían, él los desarmaba con su humildad desbordante: *«No soy más que el asno dichoso en el que el Señor triunfante entra en Jerusalén»*. Así se definía el gran profeta de la noviolencia, la voz de la humilde borriquita que clama en el desierto desde lo más hondo del corazón. Por eso fue conocido en el mundo entero como «la voz de los que no tienen voz». Ese título, que él nunca buscó, le daba autoridad para hablar con una libertad evangélica, clara, valiente, y asumir —sin miedo— los riesgos que eso implicaba.

Dom Hélder comprendió que la revolución más profunda es la del corazón humilde. Su vida fue esa «borriquita» que llevó a Cristo a los pobres, a los olvidados, a los marginados del mundo. Y cuando la multitud lo aplaudía, él sabía —como Madre Teresa, como Rovirosa— que el único digno de alabanza era Aquel que lo había enviado. Porque en los santos verdaderos no hay grandeza que no sea reflejo del Amor.

«Hablo con todo mi corazón»

Un día, en Bruselas, al comenzar una conferencia, dijo con su humor tierno y su espontaneidad desarmante: *«Perdonadme, yo no hablo francés, yo no hablo flamenco; yo hablo Cámara, es decir —añadió riendo—, hablo con mis brazos, con mis manos, con mi cuerpo… y con todo mi corazón»*. Era así: hablaba con todo su ser, porque su cuerpo entero era palabra encarnada, Evangelio vivo.

Podemos escuchar todavía sus oraciones dirigidas a los ricos y a los aburguesados de nuestros países enriquecidos, que nos invitan a todos a la conversión, a huir de la riqueza y a no olvidar que los sudarios no tienen bolsillos:

«Señor, ayuda a los que están satisfechos con su riqueza.

Son unos míseros ricos, sin la simplicidad de quien sabe que todo lo ha recibido como un don,

sin la fraternidad que no olvida que todos los hombres están invitados a participar de tu riqueza divina.

El talonario de cheques no se lo pueden llevar al morir.

Ante la eternidad, una sola moneda vale: el amor vivido y practicado.

Dinero, poder, fama y aburguesamiento difunden el egoísmo; es éste la fiera que se oculta dentro de nosotros, que nos devora y nos induce a devorar a los demás.

Ayuda, Señor, a la criatura humana a huir de la falsa riqueza y a sumergirse en la única riqueza para la que hemos nacido todos:

el amor uno e indivisible, el amor a Dios y al hombre»

Así oraba Dom Hélder: denunciando sin odio, amando sin miedo. Cuando abría los brazos y clamaba por los desposeídos, su figura recordaba la de David frente a Goliat: siempre de rodillas ante Dios y ante los pobres, pero siempre de pie ante los poderosos de la Tierra.

Entre sus miles de pensamientos, dejó uno que revela su lucidez profética: *«Estoy seguro de que ciertos pasajes del Evangelio serían censurados. Por ejemplo, el canto revolucionario del Magníficat. El Magníficat es inquietante, grave, ¡sedicioso! Está en contra del orden establecido por los ricos y los poderosos».*

Ningún cristiano es honesto si no lucha contra la pobreza en el mundo

Recuerdo las jornadas con Dom Hélder en Santiago de Compostela, durante la Jornada Mundial de la Juventud en agosto de 1989, iluminadas por la reciente encíclica *Sollicitudo rei socialis*[5], a la que muchos llamaban *«la carta magna de los empobrecidos de la tierra»*. Aquel encuentro se hizo en homenaje a Juan Pablo II, cuyo espíritu de justicia y fraternidad Dom Hélder reconocía con admiración. A la prensa declaró con alegría: *«He venido a Santiago porque no faltaría nunca a un lugar donde esté el Santo Padre. Juan Pablo II es amigo de los pobres y este espíritu lo está infundiendo a la juventud. Es un misionero de Dios, queridísimo por los pequeños, y cuando llega a cualquier pueblo, conversa con la gente, los toca, los abraza, y la alegría del pueblo es extraordinaria. Yo conozco de cerca a Juan Pablo II y es tan grande como Pablo VI o Juan XXIII»*.

Pero también fue firme en la denuncia: *«La carrera armamentista es una vergüenza para la humanidad»*, afirmaba con voz de profeta. Y sobre la deuda externa de América Latina sentenciaba: *«Ya está pagada más de una vez; ya no hay nada que pagar»*. No era una exageración afirmar que esta deuda está pagada y su pago produce muchas víctimas inocentes. El jesuita Xabier Gorostiaga, economista y rector de la Universidad Centroamericana de Managua, la explicaba con claridad desgarradora: *«La deuda externa es inmoral, porque fue ofrecida como una trampa; fue usada para el derroche y la represión, fue aumentada por la usura, y su pago produce muerte y desesperación en millones de seres humanos»*. El propio San Juan Pablo II se hacía eco de ese clamor cuando preguntaba: *«¿Cuántos niños mueren cada día en África porque los recursos se emplean en pagar las deudas? Es tiempo de una nueva y valiente solidaridad internacional»*.

---

[5] Cabe destacar que en esta encíclica el papa Juan Pablo II hacía fuertes denuncias de las estructuras de pecado: *«Es necesario denunciar la existencia de unos mecanismos económicos, financieros y sociales, los cuales, aunque manejados por la voluntad de los hombres, funcionan de modo casi automático, haciendo más rígidas las situaciones de riqueza de los unos y de pobreza de los otros»*.

En sintonía con el Papa, Dom Hélder exhortaba a los jóvenes a preparar su corazón y su vida para luchar por una sociedad más justa, repitiendo una de sus frases más hondas: *«Que en el mundo entero no quede ni un solo miserable, esos hombres y mujeres que han perdido su condición humana por el egoísmo y la insolidaridad de sus hermanos»*. Y concluía con una sentencia que resume su Evangelio: *«Ningún cristiano puede ser honesto si no lucha contra la pobreza en el mundo»*.

Dom Hélder Cámara fue acusado de subversivo. Lo persiguieron los poderosos, lo silenciaron los medios, y se urdieron campañas para encarcelarlo o hacerlo callar. Y si en vida fue difamado, no sorprende que hoy —cuando avanza su causa de beatificación— siga siendo incomprendido o incluso calumniado, dentro y fuera de la Iglesia.

A quienes lo acusan de subversivo, bastaría responderles con sus propias palabras, escritas una Navidad, cuando nos deseó la paz con una lucidez desarmante:

«Me gusta pensar en la Navidad como un acto de subversión…
Un niño pobre, una madre soltera, un padre adoptivo…
Quienes ven su nacimiento son los pastores, la escoria de la sociedad.
Lo anuncian personas de otras religiones, magos, astrólogos…
La familia tiene que huir: se convierte en refugiada política.
Luego vuelven a vivir en la periferia.
El resto lo celebramos en Semana Santa… pero con la misma subversión.
¡Sí! ¡La revolución vendrá de los pobres! ¡Solo de ellos puede venir la salvación!
¡Feliz Navidad!».

Así pensaba y vivía Dom Hélder: viendo en el pesebre no una postal dulce, sino una revolución de ternura, la irrupción de Dios en la historia de los marginados. Era un subversivo, sí —pero de la lógica del Evangelio. Subvertía el egoísmo, la indiferencia, la injusticia, el desorden establecido, con el arma más poderosa: el amor.

«Hermano de los pobres y hermano mío»

A los santos, cómo el, no les fueron ahorradas pruebas ni dificultades; experimentaron dificultades externas y persecuciones incluso en el seno de la misma Iglesia. Vivieron las persecuciones y envidias de los *bienintencionados*, y experimentaron dificultades exteriores, con períodos de cruz, de oscuridad. Nos consuelan estas palabras de Jesús: «*Si el mundo os odia, sabed que me ha odiado a mí antes que a vosotros (...) Recordad lo que os dije: "No es el siervo más que su amo". Si a mí me han perseguido, también a vosotros os perseguirán*». Dom Hélder pasó esta prueba de fidelidad a Crucificado.

Recuerdo que en el Aula Malagón-Rovirosa nos habló de su profunda admiración por San Juan Pablo II, a quien consideraba «*la persona más importante en la batalla contra la injusticia*». Con una intuición profética, llegó a decir: «*Será merecedor de la palma del martirio*»[6].

Tenía ya 80 años cuando acudió a aquel encuentro, con un cuerpo frágil, pero con un espíritu que irradiaba luz. Recordó entonces que había sido el propio Papa quien, al dispensarlo del gobierno de la diócesis de Recife, le pidió: «*Siga predicando, mientras su salud se lo permita, a Cristo, para lograr un mundo más justo y fraterno*». Y él obedeció. Fue un padre de los pobres, porque fue pobre entre los pobres. Su vida entera fue una entrega: a Cristo, a los pequeños, a la Iglesia. Lejos de cualquier rebeldía ideológica, su opción estaba enraizada en la Doctrina Social de la Iglesia y en una fidelidad pública y

---

[6] En cierto modo Dom Hélder tenía razón sobre San Juan Pablo II: ¿No ha sido un martirio el ofrecimiento de su sufrimiento hasta el final de su vida por toda la humanidad?

profunda al Papa. Se le atribuye haber impulsado más de quinientas comunidades eclesiales de base, donde la gente sencilla leía la Biblia, reflexionaba sobre sus problemas, y aprendía a transformar el dolor en esperanza. Era la revolución silenciosa de la fe compartida. Todo Brasil lo vio, San Juan Pablo II con efusión lo envolvió en sus brazos y lo apretó largamente contra su pecho. Luego, en sonoro portugués, la firme y timbrada voz del papa Wojtyla lanzó sobre la multitud el sorprendente saludo:

—Carísimo arzobispo de Olinda-Recife, Dom Hélder Cámara, hermano de los pobres y mi hermano

Y estalló el delirio:

—¡Dom Hélder, Dom Hélder!

El Papa repitió aún con mayor énfasis:

—Hermano de los pobres y hermano mío

Todo el Brasil lo oyó. Y ese saludo rompió la censura militar que tuvo a Dom Hélder 20 años prohibido para la opinión pública brasileña.

Años más tarde, en 1984, el Papa venido del Este —en la ciudad de Edmonton, Canadá— siguió sus huellas, levantando también la voz contra las injusticias globales. Comentando la parábola del rico Epulón y el pobre Lázaro, proclamó con valentía: «*Sí, Cristo está hablando de la plena dimensión global de la injusticia y del mal. Habla del contraste Norte-Sur: el Norte cada vez más rico, el Sur cada vez más pobre… A la luz del Evangelio, este Sur pobre juzgará al Norte rico. Los pueblos pobres —pobres por falta de pan, pero también por falta de libertad y de derechos— juzgarán a quienes les privan de estos bienes, arrogándose el monopolio imperialista de la economía y del poder*»[7]

Era el eco de Dom Hélder, resonando en la voz del Papa. El profeta de Recife y el Papa de Cracovia estaban

---

[7] Discurso del papa en Edmonton, Canadá, 1984 en Ecclesia 6-10-1984

unidos por la misma pasión: que ningún ser humano fuera condenado a la miseria. Por eso, el legado de Dom Hélder Cámara no pertenece al pasado; sigue siendo, hoy, una llamada ardiente a la conversión del corazón, una denuncia contra toda estructura que oprime, y una invitación a seguir a Cristo en su revolución noviolenta del amor.

«No dejen morir la profecía»

Dom Hélder soñaba con una Iglesia en salida, pobre, servicial y cercana a los últimos. En esto se parecía profundamente al deseo del papa Francisco. Aquel «obispo rojo» —como lo llamaron con desprecio los militares que lo persiguieron durante la dictadura— fue, en realidad, un profeta luminoso de la noviolencia, un pastor que denunció sin miedo las estructuras de pecado que generan el genocidio del hambre y la esclavitud de millones de empobrecidos.

El testimonio de este arzobispo que predicó la revolución de la paz, que desafió a gobiernos poderosos y corruptos, que señaló las injusticias y las infamias que otros callaban, conserva una vigencia estremecedora en nuestros días. ¡Y predicó el mismo Evangelio que hoy anuncia el papa León XIV, y ayer el papa Francisco!.[8] Sus palabras siguen

---

[8] El papa León en su primera exhortación apostólica *Dilexi Te*, en el número 92, recoge esta idea del papa Francisco en *Evangelii gaudium*: *«Por lo tanto, es preciso seguir denunciando la "dictadura de una economía que mata" y reconocer que "mientras las ganancias de unos pocos crecen exponencialmente, las de la mayoría se quedan cada vez más lejos del bienestar de esa minoría feliz. Este desequilibrio proviene de ideologías que defienden la autonomía absoluta de los mercados y la especulación financiera. De ahí que nieguen el derecho de control de los Estados, encargados de velar por el bien común. Se instaura una nueva tiranía invisible, a veces virtual, que impone, de forma unilateral e implacable, sus leyes y sus reglas". Aunque no faltan diferentes*

respirando en un papa venido del Sur empobrecido, que no teme gritar al mundo que *el capitalismo mata*.

La voz de Dom Hélder resuena como un llamado a los cristianos a ser la voz de los pobres, el aguijón que despierta a una sociedad adormecida en sus falsas seguridades burguesas y en un consumo superfluo que genera miseria y exclusión. Nos invita a ser signos vivos de amor y solidaridad eficaz, a ejercer una caridad política, que va más allá de los gestos asistenciales, reconociendo las causas estructurales que perpetúan la injusticia y el empobrecimiento. A desenmascarar esos mecanismos perversos, esas «estructuras de pecado» que matan pueblos enteros.

Durante el Aula Malagón-Rovirosa, tuvimos el privilegio de escuchar de su propia voz su último gran sueño: «*Llegar al Año 2000 sin miseria*». Y según el sacerdote que lo acompañó en sus últimos momentos, sus últimas palabras fueron una súplica profética: «*No dejen morir la profecía*».

Su sueño era la liberación definitiva de los dos tercios de la humanidad esclavizados por el hambre y la pobreza. Así expresaba su ideal de vida: «*Sólo los hombres que realizan en sí la unidad interior, sólo los hombres de visión planetaria y corazón universal serán instrumentos útiles para el milagro de ser violentos como los profetas, auténticos como Cristo, revolucionarios como el Evangelio, pero sin dañar el amor*». Y añadía con humildad evangélica: «*Es gracia divina comenzar bien, mayor gracia es perseverar en el camino, pero la gracia de las gracias es no rendirse nunca*».

Dom Hélder nos llama aún hoy a luchar por la causa del siglo: la liberación definitiva de los dos tercios de la

---

teorías que intentan justificar el estado actual de las cosas, o explicar que la racionalidad económica nos exige que esperemos a que las fuerzas invisibles del mercado resuelvan todo, la dignidad de cada persona humana debe ser respetada ahora, no mañana, y la situación de miseria de muchas personas a quienes esta dignidad se niega debe ser una llamada constante para nuestra conciencia».

humanidad que siguen viviendo como esclavos. *«Queremos alejar la miseria del suelo humano; la miseria es un insulto al Creador»*.

Tras su muerte, el sacerdote Ermano Allegre, coordinador de la Pastoral de la Tierra en Ceará, expresó un deseo que sigue siendo urgente: *«Espero que al homenajearlo no se le transforme en un santo distante, sino en un santo cercano a los problemas reales del hombre»*. En 2017, el Congreso Nacional de Brasil declaró a Dom Hélder Cámara Patrono Brasileño de los Derechos Humanos, reconociendo oficialmente la huella indeleble de su vida y su palabra. La Cámara de Diputados de Brasil aprobó en julio de 2025 la inclusión del nombre de Dom Hélder Cámara en el *Libro de los Héroes y Heroínas de la Patria*. Esto representa un reconocimiento de su papel histórico en la defensa de los derechos humanos y que su figura sigue vigente en la memoria colectiva como modelo de compromiso social.

Señala la historiadora Lucy Pina Neta del Instituto *Dom Hélder Cámara* (IDHEC) que el trabajo del obispo tras los bastidores ayudó a tejer la trama que dio nuevas vestiduras y presencia a la Iglesia Católica, articulando diferentes realidades sociales, políticas y culturales. La coherencia entre su vida y su predicación es su logro más importante, contra los que le acusan de haber sido un demagogo. Por eso, la figura del pastor que se une a las ovejas, en las debilidades y virtudes, es la que más inspira las acciones sociales y pastorales de Dom Hélder y para entenderlo, siempre es necesario leerlo en su contexto socio-político-cultural y sobre todo eclesial y veremos hasta qué punto fue profeta y un hombre adelantado a su tiempo.

Dom Hélder iba a las causas, a las raíces... Hablaba con serenidad, pero llamando a las cosas por su nombre. Quien quiera liberarse de un cristianismo desencarnado, quien busque una fe con sabor, color y carne, que lea a Dom Hélder.

EL PUENTE

Para librarte de ti mismo,
lanza un puente
más allá del abismo de la soledad
que tu egoísmo ha creado.
Intenta ver más allá de ti mismo.
Intenta escuchar a algún otro,
y sobre todo
prueba en esforzarte por amar
en vez de amarte a ti solo...
Si quieres ser,
perdona que te lo diga,
tienes que librarte ante todo
del exceso de poseer
que tanto te llena, de pies a cabeza.

(Hélder Cámara)

CAPÍTULO I

ESBOZO BIOGRÁFICO

«Quisiera ser un charco de
agua para reflejar el cielo».
«Si no tienes una tabla
para tirar al agua, sé tú
mismo una tabla viva
para tus hermanos
náufragos».

Dom Hélder Cámara

Estas frases resumen la vida y el pensamiento de Dom Hélder Cámara, arzobispo de Olinda y Recife, una de las personalidades más influyentes de la Iglesia del siglo XX. Su figura se caracteriza por un profundo compromiso con los pobres, la justicia social y la noviolencia, valores que cristalizaron en sus acciones pastorales, en la creación de movimientos sociales y en su participación en el Concilio Vaticano II. En este capítulo se propone ofrecer un esbozo biográfico que recorra su infancia, formación, ministerio y legado, subrayando la coherencia entre su vida y su pensamiento.

Los orígenes humildes

Hélder Pessoa Cámara nació el 7 de febrero de 1909 en Fortaleza, capital del estado brasileño de Ceará, región del noreste marcada históricamente por la pobreza estructural.

En aquel entorno —que algunos autores califican de «cuadrilátero del hambre»— las condiciones básicas de vida eran extremadamente precarias. Allí, los seres humanos sobrevivían en chozas levantadas junto al agua, donde vertían sus basuras; de ellas se alimentaban los cangrejos, y esos cangrejos eran, a su vez, el principal alimento de los más pobres.

Siendo él muy pequeño aún, en 1910 una epidemia de difteria atacó a sus hermanos y en sólo 29 días murieron cinco de ellos. Su padre, contable, y su madre, maestra de primaria, tuvieron trece hijos, de los cuales nueve murieron prematuramente.

En aquel hogar sencillo y doliente, Hélder aprendió sus primeras lecciones de amor, convivencia, trabajo y solidaridad. La familia conoció de cerca la penuria económica. Recordaría más tarde su infancia con palabras que destilan ternura y dolor: *«Vi a mi madre llorar y a mi padre quedar callado cuando no había para comer, cuando no alcanzaba para dividir un pan entre todos los hijos»*. En casa, diría años después, reinaba una «discreta pobreza». En una ocasión, siendo niño, rechazó con disgusto la odiada *okara* —una pasta de habas de soja que detestaba— y su madre, sonriendo, le corrigió con sabiduría: *«Hélder, querer y no querer es un lujo que sólo pueden permitirse los ricos»*. Años después, él mismo daría gracias por aquella pobreza digna y aquella educación moral que lo marcaron para siempre: *«Gracias a Dios, nací y crecí en un ambiente moralmente sano. Mis padres me legaron un amplio horizonte y un gran amor a los hombres y a Dios. Y todo esto dentro de una pobreza real y discreta»*.

La huella imborrable de su madre

Adelaide Pessoa Cámara, su madre, ejerció una influencia profunda en la formación humana y espiritual de Hélder. Permanecerá siempre presente en su memoria y en su corazón. «*Mi madre —dirá— marcó profundamente mi vida de hombre y de sacerdote*». A través de su ejemplo, le enseñó la compasión, la empatía y la capacidad de reconocer la dignidad en cada persona, incluso en los enemigos.

Un día, su ciudad natal se estremeció por el asesinato de un poeta muy querido. Toda Fortaleza pensaba en la madre del asesinado, devastada por el dolor. Entonces, Adelaide comentó con una compasión desbordante: «*No sé quién me da más pena, si la madre del asesinado o la del asesino*». De ella aprendió las lecciones más hondas y duraderas, enseñadas no con palabras, sino con el ejemplo: «*Estas lecciones de sentido humano, de generosidad de alma, de comprensión de la flaqueza humana, las daba espontáneamente, sin que se notase. Las daba por la vida misma*».

Dom Hélder cada vez que escuchaba calumnias u ofensas recordaba lo que decía su madre cuando era niño: «*Hijo, siempre que una persona parece mala, deberíamos acercarnos a ella para conocerla... Descubriríamos que, más que mala, es débil... Es por eso por lo que Cristo, refiriéndose a los que lo habían herido, dijo en el Calvario: "Padre, perdónalos, porque no saben lo que hacen"*». Y desde entonces se guardaba bien de condenar a nadie, y decía: «*Todo lo que puedo condenar yo es el pecado y los sistemas injustos que dañan nuestro mundo*». El añadía con emoción: «*Fue mi madre quien me enseñó a ser incapaz de comer solo el pan que puedo dividir con mi prójimo. Aprendí con ella a mirar todo con ojos siempre nuevos, como si lo viera por primera vez; a tener horror de humillar o de ver humillado a alguien. A no dar lugar a los fabricantes de intrigas. A no perder el control en la discusión, convencido de que sólo grita quien carece de argumentos. A ver a Jesucristo en la persona del pobre. A conservar la juventud del alma*».

Su madre le educó con rigor y tanto le exigía, que una vez reconoció que era demasiado: «*¡Perdóname, hijo! A veces te pido cosas que están por encima de tus fuerzas*». Este reconocimiento se le grabó profundamente, y aprendió que debe uno admitir cuando se equivoca. Y concluye con humildad desarmante:

«Podría decir mucho más… Prefiero dejar claro que las lecciones que aprendí con ella no fueron aprovechadas al cien por cien».

El joven Hélder: vocación, formación y primeros compromisos

Su madre fue su primera maestra. La segunda, doña Salomé Cisne, de quien recordaría siempre una enseñanza fundamental: *«Una gran mujer y una gran maestra. De las lecciones que me dio, considero la mejor el convencimiento de que, a pesar de los diplomas, jamás debemos perder la noción de que somos alumnos».*

El nombre Hélder se lo debe a un capricho poético de su padre, quien, hojeando un diccionario, encontró el nombre de una fortaleza holandesa: Hélder, palabra que significa «claro, sin nubes». Así llaman los holandeses al cielo sereno. Su padre, crítico de teatro y contable mal pagado, era masón, pero respetaba profundamente la fe y la vocación sacerdotal. En el hogar, celebraban con alegría las flores de mayo, signo de devoción y belleza sencilla.

Dom Hélder, undécimo de trece hijos, manifestó desde niño su deseo de ser sacerdote. Un día, su padre lo miró con ternura y le dijo unas palabras que nunca olvidaría: *«Hijo mío, ¿sabes lo que es ser sacerdote? Ser "padre" y ser egoísta no pueden ir nunca juntos. El "padre" tiene que gastarse, tiene que dejarse devorar». «Los sacerdotes creen que cuando celebran la Eucaristía, es Cristo mismo quien está presente. ¿Has pensado en las cualidades que deben tener las manos que tocan directamente el cuerpo de Cristo?».* Hélder respondió: *«Padre, quiero ser sacerdote como usted dice».*

A los 14 años ingresó en el seminario, dirigido por los padres lazaristas franceses, quienes daban gran importancia al trabajo social.

En sus primeros años de formación, siendo aún seminarista, Hélder Camara experimentó una profunda crisis espiritual que moldeó irreversiblemente su carácter profético.

Este episodio se desencadenó a raíz de una polémica periodística en la que se enfrascó con una maestra, que, además, era cuñada de su Vicario General. Impulsado por lo que consideraba una defensa de la fe y la verdad, Hélder había respondido con vehemencia a los artículos de la maestra, generando una tensa controversia pública. El Vicario General, buscando poner fin al conflicto y proteger la imagen del seminario, le prohibió tajantemente continuar publicando cualquier artículo. La orden fue recibida con indignación por el joven Hélder. Sentía que se le imponía una censura injusta, y su orgullo lo impulsó a considerar la desobediencia, incluso si eso significaba la expulsión. Abrumado por la rabia y la frustración, Hélder se retiró a una capilla para rezar. Tras más de dos horas de intensa oración, el 29 de julio, día de Santa Marta, una iluminación interior le asaltó. Recordó la frase evangélica: *«Marta, Marta, te inquietas y te preocupas por muchas cosas, una sola es necesaria. María ha escogido la mejor parte».* En ese instante, la verdad se reveló con claridad: su combate en la prensa no era por la fe, sino por su propio orgullo. En ese momento hizo esta reflexión: «Hélder, *estás para recibir la tonsura y empezar la preparación inmediata al sacerdocio. ¿Y te preparas en el odio? Porque en tus artículos hay odio y orgullo. Tú no lo sientes, no lo entiendes, pero estás lleno de orgullo. ¿Es así como te preparas al sacerdocio?».*

Este reconocimiento fue un punto de inflexión radical para iluminar su conciencia. Comprendió que lo afligía, más que el amor a la verdad y la defensa de la fe, el orgullo herido. En adelante distinguiría muy bien entre orgullo personal y amor profundo a la verdad. Cuando sus compañeros, enterados de la prohibición, se organizaron para realizar una manifestación en su apoyo, Hélder los sorprendió a todos. Ya no era el polemista airado. Con una paz recién hallada, rechazó la propuesta y pidió que no se realizara ninguna protesta. Este evento, que él mismo consideró una de las «grandes humillaciones» que Dios le envió, se convirtió en la primera y fundamental lección de humildad en su camino hacia el sacerdocio.

A los 22 años, el 15 de agosto de 1931, Hélder fue ordenado sacerdote, en su ciudad natal de Fortaleza. En su primera misa, usó un lenguaje erudito y poco accesible. Al terminar, el padre Breno, uno de sus formadores, lo llamó aparte y le dio una enseñanza que lo acompañaría toda la vida: «*No sea bobo. Va a hablar a gente humilde. Tiene que hablar naturalmente*». Aquella frase marcó su ministerio: hablar claro, hablar al corazón del pueblo.

En esos primeros años, el joven sacerdote se dedicó con entusiasmo a organizar el Movimiento de Juventud Obrera Cristiana (JOC); en 1931 fundó la Legión del trabajo de Ceará. En 1933, junto a lavanderas, planchadoras y empleadas domésticas, creó el Sindicato Obrero Femenino Católico. Además, participó en la elaboración de las políticas gubernamentales del estado de Ceará, dando un importante impulso a los estudios sociales en el área de la educación pública y fue nombrado director del Departamento de Educación de Ceará.

Un encuentro con el error y la conversión interior

Su intensa actividad y carisma llamaron la atención de Plinio Salgado, fundador de la Acción Integralista Brasileña, movimiento inspirado en el fascismo europeo. El joven Hélder, atraído al principio por su idealismo, se unió brevemente al movimiento. Pero pronto comprendió su error y se apartó de él con lucidez: «*Creo que Dios me permitió esa experiencia —de la que nunca hice misterio— para que constatara que el radicalismo de derecha es tan falaz y peligroso como el radicalismo de izquierda*». Fue una lección moral y política que orientaría toda su vida hacia una fe comprometida con la justicia y la libertad.

Una breve militancia político-partidaria que Don Hélder calificó de «¡pecados de la mocedad...!», en la respuesta a los cuestionamientos del reconocido sociólogo Gilberto Freire quien lo acusó de ser más un ideólogo político que sacerdote de la iglesia y de pretender llegar a la presidencia del Brasil, como una suerte de *Kerenski brasileño*, que le abriría el camino al comunismo.

Río de Janeiro: la llamada de los pobres

En 1936 fue trasladado a la archidiócesis de San Sebastián de Río de Janeiro. Allí desplegó una gran energía en la defensa de la enseñanza religiosa en las escuelas, pero el acontecimiento que más lo transformó fue el contacto con los pobres de las favelas, *«la dolorosa corona de espinas que rodea la gran ciudad»*.

En el período de posguerra, fundó la Comisión Católica Nacional de Inmigración, para ayudar a los refugiados europeos que llegaban a Brasil en busca de esperanza.

Amistad con Montini y nacimiento del CELAM

En 1950, durante un viaje a Roma con motivo del Año Santo, Hélder trabó amistad con Giovanni Battista Montini, entonces colaborador cercano de Pío XII y futuro Papa Pablo VI. En una conversación memorable, le propuso crear en Brasil una Conferencia Nacional de Obispos para fortalecer la coordinación pastoral de la Iglesia. El proyecto fue aprobado, y Dom Hélder se convirtió en su primer secretario.

Dos años después, en 1952, mostró nuevamente su capacidad organizativa durante el Congreso Eucarístico Internacional de Río de Janeiro, y participó en la fundación del CELAM (Consejo Episcopal Latinoamericano), del que sería primer vicepresidente en 1955.

Su labor incansable y su testimonio evangélico fueron reconocidos por Pío XII, quien lo nombró obispo auxiliar de Río de Janeiro.

Un sacerdote para los pobres

Dom Hélder resumía su vocación con estas palabras: *«Un padre no existe en el vacío. Sólo existe sacerdote para la gloria de Dios, sirviendo a los demás».*

Este servicio consiste en proteger la dignidad humana, el respeto de sus derechos fundamentales, en la lucha por la defensa de los necesitados. Y se inspira en el amor de Cristo que vive en los pobres, en la necesidad siempre presente de recordar, en todo momento, la presencia viva de Jesús. En este sentido, se justifican su inmenso trabajo realizado con los obreros y profesores católicos en Ceará, al frente de la Cruzada San Sebastián y del Banco da Providencia, en el Estado de Río de Janeiro, y todos sus esfuerzos empeñados en ayudar a las víctimas de las inundaciones del río Capibaribe, a los trabajadores rurales y los presos políticos de Olinda y Recife (Pernambuco)....

La Cruzada San Sebastián y el Banco de la Providencia

En 1956, fundó la Cruzada San Sebastián, con el propósito de construir viviendas dignas para los habitantes de las favelas. En 1959, durante la fiesta de San Vicente de Paúl, predicó en la misa de su cardenal unas palabras que resumían su visión profética: *«Si viviera hoy, la caridad de San Vicente de Paúl se tornaría en imperativo de hacer justicia».*

Ese mismo año fundó el Banco de la Providencia, destinado a ayudar a las familias humildes, sostenido únicamente por donaciones.

El obispo rojo

El sector más conservador del catolicismo brasileño no tardó en ver en él una amenaza. Su defensa de los pobres y su denuncia de las injusticias sociales provocaron que algunos lo llamaran despectivamente «el obispo rojo», con la intención de desacreditarlo ante el régimen militar y las fuerzas armadas. Pero el Papa Pablo VI, su viejo amigo, comprendió bien la situación. El 12 de marzo de 1964 lo nombró arzobispo de Olinda y Recife (Pernambuco) donde permaneció hasta 1985. La archidiócesis combinaba el temple rural de una antigua diócesis del país con los problemas urbanos de la capital de un estado rico y prometedor, llamada «la Venecia brasileña», con un millón de habitantes y decenas de problemas sociales, económicos y políticos.

Dom Hélder aceptó el cargo como una nueva cruz, con la misma serenidad y esperanza de siempre. Salía de un avispero para entrar en otro, pero lo hacía con una autoridad moral reforzada y un corazón cada vez más libre y más pobre.

Dom Hélder Cámara: el profeta de la justicia y de la noviolencia

El día de su presentación como obispo, Dom Hélder Cámara se dirigió al pueblo reunido en la plaza con un discurso que aún hoy resuena como un anuncio profético. Dijo entonces: «*Soy un nativo del nordeste que habla a otros nativos del nordeste, con los ojos puestos en Brasil, en América Latina y en el mundo. Una criatura humana que se sabe hermana, en la debilidad y en el pecado, de todos los hombres, de todas las razas y de todas las naciones.*

39

Un cristiano que se dirige a cristianos, pero con el corazón abierto ecuménicamente hacia todos los hombres, de todos los pueblos y de todas las ideologías. Un obispo de la Iglesia Católica que, a imitación de Cristo, no viene a ser servido sino a servir. Católicos y no católicos, creyentes e incrédulos, escuchen todos mi saludo fraterno. ¡Alabado sea Jesucristo!». Y concluyó con palabras que definieron toda su vida: *«No es justo suponer que, porque luchemos contra el comunismo ateo, defendemos el capitalismo liberal; y no es lícito concluir que somos comunistas, porque criticamos con cristiana valentía una posición egoísta del liberalismo económico».*

Aquel día comenzó un episcopado que marcaría profundamente la historia de la Iglesia latinoamericana.

Durante el Concilio Vaticano II, la presencia del arzobispo brasileño fue decisiva en los trabajos de las subcomisiones «Signos de los tiempos» y «Problemas socioeconómicos del mundo», que prepararon el terreno para la Constitución pastoral *Gaudium et spes,* uno de los textos más luminosos del Concilio. Al final de la tercera sesión, Dom Hélder, en una conferencia ante la prensa, pidió públicamente la canonización de Juan XXIII y reclamó respeto por los derechos humanos, especialmente de los más pobres: un gesto que era una denuncia valiente contra las injusticias de su propio país.

Poco después, tal como mencionamos antes, Pablo VI lo nombró arzobispo de Olinda y Recife. Apenas diecinueve días más tarde, Brasil sufrió el golpe militar de 1964. La reacción del nuevo arzobispo fue inmediata y firme: manifestó públicamente su apoyo a la Acción Católica diocesana, que había condenado el golpe. Desde entonces fue difamado, acusado de «comunista, demagogo y libertino» por la dictadura. El gobernador local llegó a prohibirle hablar en público fuera de los templos, y cada homilía era grabada impúdicamente por la policía política, con los micrófonos bien visibles junto al altar.

En los muros de su humilde residencia, alguien escribió con odio: «Lárgate, arzobispo comunista». Pero Dom Hélder no se dejó intimidar. Sabía que —como solía repetir— *«el comunismo es un excelente espantajo para cerrar la boca a quienes reclaman justicia».*

Impedido de predicar libremente en su país, escogió otro camino: escribir y hablar al mundo. Publicó veintitrés libros traducidos a más de veinte idiomas y participó en decenas de encuentros internacionales. En 1970, en París, tuvo el coraje de denunciar ante la prensa mundial el uso sistemático de la tortura en Brasil y la existencia de miles de presos políticos mantenidos en el anonimato. Su voz fue un clamor contra la opresión, la violencia y la injusticia institucionalizada. Por ello fue perseguido, calumniado y vigilado; algunos de sus colaboradores más cercanos fueron asesinados. Sin embargo, nunca cedió al odio ni a la violencia. Condenó con igual firmeza tanto la injusticia social como la represión, vinieran de donde vinieran: de gobiernos de derecha o de izquierda.

Dom Hélder Cámara encarnó, con radical coherencia evangélica, la revolución de la noviolencia. Fue la voz de los sin voz, el pastor que caminó con su pueblo, el profeta que mostró que la fe y la justicia no se oponen, sino que se abrazan.

El Pacto de las Catacumbas: la Iglesia pobre y servidora

Dom Hélder Cámara nunca tomó la palabra oficialmente en el aula conciliar. Y, sin embargo, su influencia fue inmensa. Entre pasillos, reuniones discretas y conversaciones fraternas, su presencia se hacía sentir con una intensidad que trascendía los micrófonos. Un observador romano llegó a decir que, aunque no habló una sola vez en público, quizás fue el hombre que más influyó en el Concilio Vaticano II.

En pequeños círculos, junto a teólogos y obispos, en conferencias y encuentros informales, Dom Hélder desarrollaba incansablemente su gran sueño: una «Iglesia de los pobres», una Iglesia que se abriera de par en par al mundo, especialmente al de los pueblos empobrecidos y olvidados. Durante el último año conciliar eran unos cien los obispos que tomaban parte en los encuentros que él organizaba semanalmente

A su insistencia en el compromiso social se unía otra de sus pasiones: el diálogo. Soñaba con una Iglesia capaz de tender puentes con los cristianos separados, con los judíos, con los creyentes de todas las religiones y con los hombres y mujeres de buena voluntad. Por su visión amplia, su sencillez evangélica y su espíritu universal, pronto se le conoció como el obispo profético, el hombre de los proyectos universales, a imagen de su maestro y referente espiritual: el Papa Juan XXIII.

Quizás el gesto más hermoso de aquel tiempo fue el que tuvo lugar el 16 de noviembre de 1965, pocos días antes de la clausura del Concilio. Ese día, en las Catacumbas de Santa Domitila, en Roma, Dom Hélder reunió a un grupo de 42 obispos para celebrar la Eucaristía. Bajo su inspiración, firmaron un documento breve y audaz que pasaría a la historia como el Pacto de las Catacumbas[9] —el Pacto de la Iglesia servidora y pobre. En él, los obispos se comprometían a vivir una vida sencilla y pobre, a renunciar a los símbolos de poder y a los privilegios episcopales: las riquezas, los títulos honoríficos, los palacios y ornamentos. Prometían reconocer el papel activo de los laicos en la vida de la Iglesia, buscar con decisión

---

[9] En el anexo final de este libro puede leerse el documento íntegro del Pacto de la Catacumbas.

la justicia, servir a los más pobres y construir una Iglesia colegial, fraterna, misionera y encarnada en el mundo.

Bajo el liderazgo silencioso de Dom Hélder Cámara, aquellos pastores se propusieron encarnar los ideales de Jesús: la pobreza, la humildad y el servicio. Muchos de ellos, al regresar a sus diócesis, dejaron los palacios episcopales para vivir en casas o apartamentos modestos, entre su pueblo.

El Pacto de las Catacumbas no fue un manifiesto político ni una simple declaración piadosa: fue una alianza de conciencia, un compromiso espiritual de fidelidad al Evangelio frente a las tentaciones del poder. Aquella semilla plantada en la penumbra de las catacumbas —símbolo de las raíces más puras del cristianismo— sigue viva. Porque mientras existan hombres y mujeres que crean en una Iglesia pobre para los pobres, el espíritu de Dom Hélder Cámara continuará respirando en la historia.

El 21 de marzo de 2013, apenas una semana después de ser designado Papa, Francisco recibió al Premio Nobel de la Paz el argentino Adolfo Pérez Esquivel, quien le entregó al Papa una copia del Pacto de las Catacumbas por petición del teólogo español de la liberación Pedro Casaldáliga, con el pedido de que le diga que «trate de escuchar, reflexionar y de llegar a un acuerdo, una reconciliación con los teólogos latinoamericanos».

Según las declaraciones de Pérez Esquivel, Francisco reconoció a la mayoría de los firmantes del documento. Cuando recibió el documento, Francisco leyó la lista de quienes adhirieron (Hélder Cámara, Antonio Fragoso, Luigi Betazzi, Manuel Larraín, Leonidas Proaño y Vicente Faustino Zazpe, entre otros) y exclamó: «¡Uy, quiénes están aquí!».

La renovación del Pacto de las Catacumbas en el año 2019, orientada hacia los ámbitos ecológicos e indígenas, revela cómo el impulso original de 1965 —una Iglesia pobre y servidora— se adapta a los desafíos contemporáneos: la crisis ambiental, la globalización y el reconocimiento de las culturas originarias. El nuevo Pacto de las Catacumbas por la Casa Común[10] fue firmado en Roma el 20 de octubre de 2019 en las Catacumbas de Santa Domitila. El encuentro, celebrado a las siete de la mañana, tuvo un carácter íntimo y austero. No fue organizado oficialmente por la Santa Sede ni por los promotores del Sínodo Amazónico, sino que nació de la iniciativa libre de un grupo de obispos comprometidos con el espíritu del primer pacto. Asistieron unos cuarenta obispos, junto con padres sinodales, religiosos, laicos y representantes de la Amazonía, sumando unas doscientas personas, en su mayoría latinoamericanas.

---

[10]Pacto de las catacumbas para la casa común (20 de octubre de 2019) https://www.schoenstatt.org/es/iglesia/2019/10/pacto-de-las-catacumbas-para-la-casa-comun/
Los firmantes asumieron quince propósitos concretos, entre los que destacan: «Acoger y renovar cada día la alianza de Dios con todo lo creado»; «Buscar nuevos caminos de acción pastoral con el protagonismo de los laicos y los jóvenes»; y «asumir ante la avalancha del consumismo un estilo de vida alegremente sobrio, sencillo y solidario con los que poco o nada tienen». A los pies de los apóstoles Pedro y Pablo, y en comunión con la memoria de los mártires de Roma, América Latina y la Amazonía, el Pacto por la Casa Común se presentó como un signo profético: la continuidad de una Iglesia que no teme despojarse de privilegios para hacerse cercana, humilde y comprometida con la defensa de la vida y de la creación. En el marco del Sínodo Especial para la Región Panamazónica (6–27 de octubre de 2019), el nuevo pacto asumió el compromiso de «trabajar por una Iglesia con rostro amazónico, pobre y servidora, profética y samaritana». Se propuso renovar la opción preferencial por los pobres, especialmente por los pueblos originarios, y garantizar junto a ellos su derecho a ser protagonistas en la sociedad y en la Iglesia. También se reafirmó la necesidad de proteger sus tierras, culturas, lenguas, historias, identidades y espiritualidades, promoviendo su reconoci-miento local y global como pueblos con dignidad y derechos plenos.

La Eucaristía fue presidida por el cardenal Claudio Hummes, quien llevó la estola de Dom Hélder Cámara, promotor del pacto original de 1965. Concelebraron, entre otros, el cardenal Pedro Barreto y monseñor Erwin Kräutler. Este gesto simbolizó la continuidad histórica y espiritual entre ambos pactos: la fidelidad al Evangelio vivido desde la pobreza, el servicio y la justicia.

Manifiesto de los obispos del Tercer Mundo

El 15 de agosto de 1967 Dom Hélder fue uno de los redactores y firmantes del *Manifiesto de los Obispos del Tercer Mundo*[11], que apoyando el llamado de Pablo VI en la encíclica *Populorum Progressio*, toma posición contra los «opresores del mundo de los pobres», llama a sustituir el capitalismo y a promover un verdadero socialismo de rostro humano, sin colectivismo totalitario ni persecución religiosa. Él tejió una red de relaciones que posibilitó a los episcopados de los cinco continentes poner sobre la mesa sus problemas y, juntos, poder construir sus soluciones. Su amigo Pablo VI escribirá: *«hemos echado una mirada al siglo de hambre, ahora preguntamos: ¿es acaso exagerado advertir que los ricos sepan que los pobres acechan los restos de sus festines».* Asimismo, el papa hablará de combatir la injusticia urgentemente con transformaciones audaces: *«Que nos entiendan bien: la situación presente debe afrontarse valientemente y las injusticias que acarrea deben ser combatidas y vencidas. El desarrollo exige transformaciones audaces, profundamente renovadoras. Deben ser*

---

[11] El documento firmado por 18 obispos de América, Asia y África a iniciativa del arzobispo de Olinda y Recife, Hélder Cámara, el 15 de agosto de 1967, con el propósito de aplicar en sus regiones la Encíclica *Populorum Progressio*, que el Papa Pablo VI publicó el 23 de marzo de 1967. El «Manifiesto» tuvo repercusión mundial, especialmente en Latinoamérica. Puedes leer en este enlace: https://revistatiempolatinoamericano.com/rev/097/TL097S12.pdf

emprendidas sin ninguna demora reformas urgentes. Cada uno trate de asumir generosamente su parte».

Fue este Manifiesto el que provocó la masiva adhesión de más de cuatrocientos sacerdotes argentinos, en 1968, que luego se constituyeron en el Movimiento de Sacerdotes para el Tercer Mundo.

El profeta que soñó con una economía de la vida

Dom Hélder Cámara fue un hombre de espíritu abierto y mente lúcida. Había leído a Marx, conocía a Freud, se consideraba amigo y continuador de Martin Luther King, admiraba a Gandhi y se hallaba profundamente impregnado del pensamiento personalista de Emmanuel Mounier. Pero fue un dominico francés, el padre Louis-Joseph Lebret, quien lo despertó del letargo de su asistencialismo inicial.

Lebret, conocido como el profeta del desarrollo, había redactado su célebre *«Manifiesto por una civilización solidaria»,* donde afirmaba: *«Llamamos economía humana —en cuanto investigación— a la disciplina especulativa y práctica que estudia el paso de una determinada población de una situación infrahumana a una fase más humana, siguiendo el ritmo más rápido y con el menor coste financiero y humano posible, sin olvidar la solidaridad que debe existir entre las poblaciones».*

Aquella visión —una economía al servicio del hombre y no al revés— transformó profundamente a Dom Hélder. Junto con Lebret y el médico brasileño Josué de Castro, impulsó una campaña internacional contra el hambre y las desigualdades. Gracias a esa colaboración, comprendió que el desarrollo debía ser integral: de todo el hombre y de todos los hombres. Esta intuición sería luego asumida por Pablo VI en la encíclica *Populorum Progressio.*

Para Dom Hélder, la verdadera transformación social no debía venir impuesta desde arriba, sino nacer del propio pueblo, asumiendo sus responsabilidades y su poder creador. Sus palabras resuenan hoy con una actualidad dolorosa, cuando el modelo económico dominante sigue provocando exclusión, devastación y pobreza. Nos recuerdan al papa Francisco en su discurso ante los jóvenes en Asís: «*Se trata de transformar una economía que mata en una economía de la vida, en todas sus dimensiones*», cuestionando el modelo económico porque la Tierra arde y el capitalismo mata. «*Esta Economía mata, porque predomina la ley del más fuerte. El dinero debe servir y no gobernar*». Ese fue el sueño de Dom Hélder y del papa Francisco: una economía de la vida, donde el amor, la justicia y la solidaridad no sean meros ideales, sino estructuras concretas de convivencia humana.

Impulsa «La Acción por la Justicia y la Paz»

Dom Helder, el profeta de la no-violencia, lanzó un movimiento mundial en 1968, que debía comenzar el 2 de octubre, para despertar a las «minorías abrahámicas», que «esperan contra toda esperanza», a fin de que por una «presión moral liberadora» puedan concienciarse los pueblos y las mismas oligarquías opresoras. Cuarenta y tres obispos brasileños apoyaron de inmediato el movimiento. En 1969 se denominará «Acción, justicia y paz».

Convencido de que la violencia jamás engendra justicia, se opuso a toda forma de lucha armada: «*Nunca y en ningún modo he sido partidario de la fuerza armada. Hoy me siento capaz de probar que la fuerza armada no es solución alguna, porque ella misma conduce a la espiral de la violencia*». Tenía la certeza de que el odio no construye: multiplica el odio, y que la espiral de la violencia sólo puede romperse con el amor activo, con la fuerza del perdón y de la solidaridad.

En su libro *La espiral de la violencia* (1978), analizó con lucidez tres formas de violencia: la estructural, la revolucionaria y la represiva. La verdadera novedad de su reflexión estaba en la primera: la violencia estructural, aquella que se encuentra en las raíces mismas de la sociedad cuando esta institucionaliza la injusticia y condena a millones de seres humanos a una existencia infrahumana. *«¿Quién no sabe que la miseria mata como las guerras sangrientas?»*, escribió.

Para Dom Hélder, la violencia número uno, la madre de todas las violencias, es la injusticia institucionalizada, la miseria convertida en sistema. Esa violencia estructural, extendida por todo el Tercer Mundo, engendra inevitablemente una segunda: la violencia de los oprimidos, que se rebelan contra sus opresores. Y esta, a su vez, provoca la violencia represiva, ejercida por los agentes del Estado. Esta trágica dinámica —la violencia opresora, la revolucionaria y la represora— configura lo que Dom Hélder llamó la espiral de la violencia. Pero su posición fue siempre inequívoca: *«Yo no acepto ninguna de esas tres violencias —decía—, pero a la violencia número dos puedo comprenderla. Detesto al que se queda pasivamente, al que calla, y amo sólo al que se bate, al que se atreve»*. Sus palabras encuentran eco en Mahatma Gandhi, quien también denunciaba la complicidad de los cobardes, aquellos que con su silencio sostienen la injusticia: *«Creo que cuando sólo hay que elegir entre la cobardía y la violencia, yo recomendaría la violencia... Preferiría que la India recurra a las armas para defender su honor antes que convertirse en testigo impotente de su propio deshonor»*. Pero tanto Gandhi como Dom Hélder fueron coherentes hasta el extremo: ambos prefirieron morir antes que matar. *«Existen muchas causas por las cuales estoy dispuesto a morir, pero ninguna por la cual esté dispuesto a matar»*, escribió Gandhi en 1927. *«Personalmente prefiero ser mil veces muerto a matar»*, afirmaría años más tarde Dom Hélder Cámara.

Su rechazo absoluto a la violencia no nacía de la debilidad, sino de la fuerza interior de quien ha comprendido que el amor es más revolucionario que el odio.

El 2 de octubre de 1969, coincidiendo con el centenario del nacimiento de Gandhi, Dom Hélder Cámara lanzó un movimiento continental que llevaba un nombre tan sencillo como subversivo: «Presión Moral Liberadora». Desde esa convicción, Dom Hélder apelaba a lo que llamaba «*la violencia de los pacíficos*»: la fuerza transformadora de la acción no violenta, centrada en tres ejes inseparables —acción, justicia y paz—. Una acción que no se queda en la teoría o la especulación, una justicia que asume que en todo lugar hay necesidad de ella y una verdadera paz que no es la ausencia de conflicto, sino el fruto de la justicia. Por eso impulsó la Acción por la Justicia y la Paz, definida como un movimiento de hombres y mujeres de buena voluntad: *«Convencidos de que sólo los caminos de la justicia y del amor conducen a la verdadera paz, resueltos a ejercer una presión moral liberadora que ayude a la humanidad a salir del odio y del caos».* Su lema, «Acción, Justicia y Paz», resumía una convicción profunda: la transformación de las estructuras sociales y económicas de Iberoamérica sólo puede lograrse por medio de la lucha moral, jamás por la vía de la violencia.

El movimiento convocaba a todas las «minorías abrahámicas» del mundo, esos pequeños grupos de hombres y mujeres que, como Abraham, «esperan contra toda esperanza» y perseveran en la fe y la justicia incluso en medio del desierto. Para Dom Hélder, sólo la presión moral, el amor y la verdad poseen la fuerza suficiente para cambiar el mundo sin caer en la espiral de la violencia.

Durante la década de 1970, Dom Hélder se convirtió en una figura de prestigio internacional. Era, fuera de Brasil, la única personalidad capaz de rivalizar en fama con Pelé. Dondequiera que iba, los auditorios quedaban desbordados. En 1971, invitado a hablar en París ante un público de dos mil personas, el encuentro tuvo que trasladarse al Palacio de Deportes, con capacidad para doce mil. Su palabra, serena y ardiente, conmovía conciencias y encendía esperanzas. Esa fue la revolución de Dom Hélder Cámara: una revolución sin armas, pero armada de compasión; sin ejércitos, pero con una multitud de corazones despiertos que creen, todavía hoy, que la ternura es más fuerte que la violencia.

Populorum Progressio. La más valiente de las encíclicas

Podríamos también destacar que en la encíclica (*Populorum Progressio* 26) Pablo VI denunciará el capitalismo y el imperialismo del dinero, en sintonía con su compañero, el obispo voz de los sin voz, con palabras valientes: «*Pero, por desgracia, sobre estas nuevas condiciones de la sociedad ha sido construido un sistema que considera el lucro como motor esencial del progreso económico; la concurrencia, como ley suprema de la economía; la prosperidad privada de los medios de producción, como un derecho absoluto, sin límites ni obligaciones sociales correspondientes. Este liberalismo sin freno, que conduce a la dictadura, justamente fue denunciado por Pío XI como generador del "imperialismo internacional del dinero". No hay mejor manera de reprobar tal abuso que recordando solemnemente una vez más que la economía está al servicio del hombre*».

Dom Hélder publicaba un artículo pocos días después de promulgarse esta encíclica donde decía: «*¿Dónde están quienes consideraban a Pablo VI tímido, indeciso, superprudente, hamletiano?... Ahora acaba de ofrecer la más oportuna, clara, valiente de todas las encíclicas*».

La encíclica *Populorum Progressio* —promulgada por Pablo VI el 26 de marzo de 1967— ponía el dedo en una de las llagas que más supuran: la falta de conciencia social viva y operante. El tema se vuelca hacia el desarrollo integral de los pueblos, exigiendo reformas urgentes y con un lenguaje directo, valiente. Esta posición *inconformista* del Vaticano desconcertó al mundo capitalista. El *Wall Street Journal* se lamentaba de que Roma se inclinase hacia las teorías marxistas. Por el contrario, para los sectores laicos y eclesiásticos, sobre todo del tercer mundo, la encíclica significaba la integración definitiva y oficial de la iglesia en la liberación de las injusticias sociales.

«Es la encíclica que esperaba el tercer mundo — comentaba Dom Hélder—. *Está destinada a completar el tríptico iniciado por la Mater et Magistra y la Pacem in Terris».* Y espontáneamente Dom Hélder era vinculado a la causa de la encíclica. Para muchos el espíritu y el tema se hermanaban con los mensajes de Dom Hélder, y hasta ciertas expresiones parecían copiadas literalmente de sus escritos. Era un reconocimiento oficial de Roma a lo que Dom Hélder defendía y significaba. Y se llegó a afirmar que había sido uno de los autores oficiosos de la encíclica. Dom Hélder siempre lo ha negado, pero lo que es innegable es su identificación con la encíclica que es para él la carta magna de la teología del desarrollo. Sus reivindicaciones de justicia, sus enjuiciamientos a la problemática social, sus presiones morales de noviolencia, sus esfuerzos «concientizadores» se apoyan en la encíclica.

La creación del Consejo Episcopal Latinoamericano (CELAM)

La influencia espiritual de Dom Hélder Cámara marcó profundamente el rumbo de la Iglesia en Latinoamérica. Participó activamente en la creación del Consejo Episcopal Latinoamericano (CELAM), del que fue alma inspiradora y arquitecto de su *primavera eclesial*. Por expreso deseo de Pablo VI, coordinó la X Asamblea Extraordinaria del CELAM, en la que pronunció palabras de audaz renovación: *«Debemos ir hacia una renovación total de las estructuras parroquiales y diocesanas, de las instituciones católicas, de la relación entre obispos y laicos, y de las órdenes, congregaciones e institutos religiosos».*

51

Con la lucidez y firmeza profética que lo caracterizaban, también advirtió: *«El pueblo de Dios debe estar también prevenido para no permitir que, en nombre de la condena del comunismo, se obstaculice la promoción humana y la defensa de los derechos imprescindibles de la dignidad de hijos de Dios».*

La contribución de Dom Hélder al nacimiento de la Conferencia Episcopal Brasileña en 1950 fue decisiva, al igual que su impulso en la fundación del CELAM en 1955, organismo que agrupa a las Conferencias Episcopales de América Latina y del cual fue presidente. Marcado profundamente por el Concilio Vaticano II, Dom Hélder Cámara se mantuvo siempre fiel a una visión de la Iglesia centrada en los pobres. La esencia de su espiritualidad radicaba en la identificación directa entre Cristo y los pobres. Esta convicción impulsó su acción inquebrantable contra la explotación y la miseria, denunciando que estas destruyen *«la imagen de Dios que hay en cada hombre»*. Tenía una sed de justicia en nombre de los millones de personas excluidas por un sistema económico explotador, buscando incansablemente un mundo más humano. Fue un denunciante implacable de las «estructuras de pecado» a nivel global que debían ser suprimidas.

En la medida en que las dictaduras se hacían fuertes en Iberoamérica, la postura profética de Dom Hélder se hacía más difícil. Pablo VI en la 2ª Asamblea del CELAM en Medellín (Colombia), tuvo una actuación decidida, tanto en su condenación de la violencia, como en promover las tesis del desarrollo. Un eco de tal postura sería la conferencia de Dom Hélder Cámara en Dakar (Senegal), en diciembre de aquel mismo año.

En marzo de 1969, todavía bajo el impacto de la crisis mundial producida por la invasión de Checoslovaquia y el recrudecimiento de la «guerra fría», el presidente Nixon visitó en Roma a Pablo VI. Durante hora y media, ambas personalidades examinaron la situación mundial. Pronto se supo que el político norteamericano había presentado al Papa una síntesis del llamado «Informe Rockefeller» (1968) donde denunciaba a ciertos sectores de la Iglesia, por «colaborar a la infiltración comunista en Iberoamérica». El arzobispo de Olinda-Recife estaba en la lista de los considerados «peligrosos». Esto nos ayuda a comprender las palabras de Rockefeller, pronunciadas después de visitar Iberoamérica en 1968 (fecha del informe) en nombre del entonces presidente de EE.UU. Richard Nixon... *«La Iglesia Católica ya no es más amiga de confianza del gobierno de los EE.UU. por su opción por los pobres y porque quiere cambiar las estructuras socioeconómicas en América Latina».*

Dom Hélder Cámara siempre tuvo en Pablo VI a un amigo y a un defensor. La reacción de Cámara fue fulminante. A comienzos de 1970 inicia una serie de conferencias por Norteamérica y Europa. En Winnipeg (Canadá) se centra sobre los obstáculos por superar en la marcha hacia la comunidad mundial. En la Universidad de Columbia (USA) examina y censura el «Informe Rockefeller». Tras saltar a Europa, es recibido en audiencia por Pablo VI, a quien explica su actuación. Días después, en Montreaux (Suiza), habló de la «Conferencia mundial y ayuda al subdesarrollo». Allí reconoció la existencia, en la Iglesia, de corrientes moderadas y avanzadas. Aquellas tienden a *deificar* el concepto de propiedad privada, olvidando la solidaridad que es signo de Dios. Terminó afirmando que el cambio estructural de los países en vías de desarrollo era imposible sin el cambio estructural de los países desarrollados. En otro momento dirá: «*Los problemas humanos tienen una dimensión tan mundial que sería inútil querer cambiar las estructuras injustas que aplastan a casi tres cuartas partes de la humanidad trabajando sólo en Brasil».*

En toda la acción de Dom Hélder Cámara prima lo apostólico y su fidelidad más absoluta al Papa. No cesa de repetir a sus íntimos: «*Si un día me sintiese rechazado por el papa en mi acción apostólica, renunciaría, sin ninguna reserva mental, a mis funciones episcopales para retirarme a la vida contemplativa en la oración y en el recogimiento».*

En 1970 empezó a denunciar las torturas que sufrían los más de 12000 presos políticos en las cárceles brasileñas. Le incomodaba al gobierno ver desmoralizada, por el discurso de Dom Hélder, la imagen que la dictadura quería presentar del Brasil en el exterior, negando las torturas y los asesinatos. Él siempre hacía resaltar que, si el gobierno brasileño quisiera probar que él mentía, pues que abriese las puertas del país a fin de que llegaran a investigar comisiones internacionales de derechos humanos, como hizo la dictadura de Grecia. La dictadura griega era militar, pero abrió las puertas para investigar, lo que el gobierno brasileño, evidentemente, nunca hizo.

Algunos obispos lo señalaron y lo acusaron de traidor a la patria. Otros muchos obispos se unieron a él en la lucha y en la reivindicación de los derechos del pueblo como parte de la misión de la Iglesia. Para callarle la boca le enviaron un pistolero, que lo dejó en paz con estas palabras: *«No puedo matarle, es usted gente de Dios».*

En 1970 realiza una gira europea promoviendo las ideas del Movimiento «Acción, Justicia y Paz». Es investido doctor *honoris causa* en Teología por la Universidad de Lovaina. En vida, fue reconocido con más de 32 doctorados *honoris causa* y 14 premios de la paz; he hizo más de 800 viajes por todo el mundo para defender la causa de los pobres y denunciar las brutalidades e injusticias. Su prestigio crecía en el mundo. Por eso, causaría impacto su declaración, junto con el pastor protestante Albernathy en contra de la pobreza, el racismo y la guerra. En 1971 habló en Fribourg (Suiza) sobre la «presión moral de la educación» y, en 1972, en Londres, sobre la necesidad de separar la religión de la alienación y el socialismo del materialismo dialéctico… El cristiano no ha nacido para ser esclavo de nada. Su viaje a Europa de aquel año culminó en Turín y en Milán, donde denunciaría los peligros materialistas del «mercado común europeo». Y se hará esta pregunta: *«¿comunidad europea o imperio europeo?»*.

A comienzos de 1974 recibe, en Oslo, el «Premio Popular de la Paz». En su discurso en defensa de la persona, pide la colaboración de los humanistas ateos en el proceso de pacificación mundial. En otoño de 1974, durante la III asamblea ordinaria del «sínodo de los obispos» sobre la «Evangelización», intercede por los pobres. En 1975 Dom Hélder Cámara envía un mensaje a los religiosos y pide apoyo en acciones no violentas frente a la injusticia. En 1976 tuvo un valiente discurso en el «Congreso eucarístico internacional de Philadelphia» (USA), sobre las «Tensiones entre países ricos y pobres» y el modo de superarla, que no podía ser sino la conversión de todos al Evangelio.

En 1985, a los 76 años, renunció al gobierno de su archidiócesis. Se retiró a vivir en uno de los barrios más pobres de Recife, junto a su pueblo, sin privilegios ni títulos, pero con la misma pasión evangélica que lo había guiado toda la vida. Desde aquella casa humilde, continuó escribiendo, viajando y sembrando esperanza. Su voz seguía siendo un clamor por la paz y la justicia social, una llamada constante a creer que el amor puede —y debe— cambiar la historia.

Su visión de la fe y la justicia quedó sintetizada en su respuesta a un periodista que le preguntó por qué hablaba tanto de la justicia social y no de la salvación de las almas. Dom Hélder respondió: *«¿De qué sirve hablar de la salvación del alma, si los cuerpos están muriendo de hambre?»*.

El obispo de todos

Era el obispo de los pobres, y no solo de palabra. Rechazó los privilegios de su cargo y eligió vivir con sencillez:

no habitaba el palacio de mármol del arzobispado, sino una pequeña casa de tres habitaciones, antigua sacristía de una parroquia. Él mismo abría la puerta y atendía las visitas; hacía autostop para ir al centro de la ciudad; vestía una sotana gastada y llevaba al pecho una sencilla cruz de madera.

Dom Hélder Cámara insistía una y otra vez en que la Iglesia debía estar cerca de los pobres y los oprimidos. Despreció los símbolos de poder: no tenía automóvil propio, ni escoltas, ni lujos. Firmaba simplemente como «Dom Hélder», sin títulos ni honores. Su hogar era tan modesto que un visitante recordaría que, al llegar, lo primero que se oía era el cacareo de las gallinas. Era, como diría el papa Francisco, un pastor con olor a oveja. El pueblo pobre lo sentía como un don, un verdadero regalo de Dios para ellos.

En una ocasión, le preguntaron si no se sentía avergonzado de tener una iglesia pobre. Él respondió con serenidad: *«Me avergonzaría de una Iglesia rica, en una ciudad pobre. Mi iglesia es una iglesia pobre, dentro de la ciudad de Recife».*

Entre las muchas anécdotas que el pueblo brasileño conserva, se cuenta que durante la dictadura militar la policía federal se presentó en su residencia. Al abrir la puerta, los agentes preguntaron:

—¿Aquí vive Dom Hélder Cámara?

Él sonrió y respondió:

—No. En esta casa vive el obispo de Olinda y Recife. Si buscan al arzobispo comunista, tendrán que ir a otro lugar.

La ironía desarmó a los policías, que terminaron marchándose sin cumplir su misión.

En otra ocasión, los mismos agentes regresaron para ofrecerle un equipo de seguridad, temiendo que, si algo le ocurría, la responsabilidad recaería sobre el régimen. Dom Hélder rechazó el ofrecimiento con calma y dijo:

—Ya tengo tres personas que me cuidan.

Ante la sorpresa de los presentes, añadió:

—El Padre, el Hijo y el Espíritu Santo.

Él quería ser el obispo de todos y dialogar con todos y lo expresaba con estas palabras del libro *Revolución dentro de la Paz*: «*El obispo es de todos. Nadie debe escandalizarse si me ven frecuentar personas consideradas indignas y pecadoras. ¿Quién no es pecador? ¿Quién puede tirar la primera piedra? Nuestro Señor, cuando fue acusado de andar con publicanos y almorzar con pecadores, respondió que justamente los enfermos son los que necesitan médicos. Nadie debe asustarse si me ven con personas consideradas comprometidas y peligrosas, de la izquierda o de la derecha, del gobierno o de la oposición, antirreformistas o reformistas, antirrevolucionarias o revolucionarias, consideradas de buena o de mala fe. Nadie intente vincularme a un grupo, adherirme a un partido, para darme por amigos a sus amigos y hacerme adoptar sus enemistades. Mi puerta y mi corazón estarán abiertos a todos, absolutamente a todos. Cristo murió por todos los hombres, por lo tanto, a ninguno debo excluir del diálogo fraternal. ¿Que me intereso por los pobres? Desde luego que, amando a todos, debo tener, a ejemplo de Cristo, un amor especial por los pobres. En el juicio final todos seremos juzgados por el tratamiento que hayamos dado a Cristo, a Cristo en la persona de los que tienen hambre, de los que tienen sed, de los que andan sucios, magullados y oprimidos*».

No cabe duda de que Dom Hélder Cámara y el papa Francisco compartirían plenamente la afirmación del apóstol de los obreros, Guillermo Rovirosa, cuando advertía con lucidez: «*Una obra maestra del diablo ha sido presentar la religión de Cristo como compatible con el capitalismo*». Ambos —el obispo brasileño y el pontífice argentino— coinciden en que no puede haber fe viva donde reina la injusticia estructural, ni Evangelio auténtico que no cuestione los ídolos del dinero y del poder.

PARTIR, EN CAMINO

Partir es, ante todo,
salir de uno mismo.
Romper la coraza del egoísmo
que intenta aprisionarnos
en nuestro propio yo.

Partir es dejar de dar vueltas
alrededor de uno mismo.
Como si ese fuera
el centro del mundo y de la vida.
Partir es no dejarse encerrar
en el círculo de los problemas
del pequeño mundo al que pertenecemos.

Cualquiera que sea su importancia,
la humanidad es más grande.
Y es a ella a quien debemos servir.
Partir no es devorar kilómetros,
atravesar los mares
o alcanzar velocidades supersónicas.
Es ante todo
abrirse a los otros,
descubrirnos, ir a su encuentro.

Abrirse a otras ideas,
incluso a las que se oponen a las nuestras.
Es tener el aire de un buen caminante.

(Hélder Cámara)

CAPÍTULO 2

CONCIENTIZACIÓN. GUERRA CONTRA LA MISERIA Y LA IGNORANCIA

«La única guerra legítima es aquella
que se declara a la miseria y la ignorancia»

«Las verdades viven y sufren.
Tan importante y urgente
como librar a las criaturas humanas
de las mazmorras inhumanas,
es correr en socorro de las verdades,
prisioneras de sistemas e ideas,
que las reprimen y asfixian»

Hélder Cámara

Un momento crucial a destacar es la conversación que el obispo brasileño sostuvo con el cardenal Pierre-Marie Gerlier, conocido por su profundo compromiso social. Al finalizar el Congreso Eucarístico, el cardenal Gerlier, arzobispo de Lyon, le interpeló: *«He visto claramente su capacidad de organización y le pregunto por qué no la pone al servicio de la solución del problema de las favelas»*.

Dom Hélder Cámara respondió con inmediatez, poniendo en marcha un proyecto social destinado a mitigar las precarias condiciones de vida en las favelas de Río de Janeiro. Posteriormente fundó el «Movimiento de Educación de Base» (MEB), una iniciativa que, basándose en la pedagogía de Paulo Freire y con su activa colaboración, se dedicó a la alfabetización, la evangelización y la promoción de la conciencia social entre el pueblo pobre de Brasil. Cabe señalar que este influyente pedagogo católico forjó su espíritu en el noreste brasileño, colaborando con Dom Hélder Cámara y otros activistas sociales en la segunda mitad del siglo XX, en una de las comunidades más empobrecidas y marginadas de América Latina.

En marzo de 1964, coincidiendo con el golpe de Estado militar, Dom Hélder fue nombrado arzobispo de Olinda y Recife. Su nombramiento lo situó en una de las mayores regiones agrícolas y ganaderas del nordeste del país, históricamente marcada por la explotación terrateniente. Al mismo tiempo, se integró activamente a la vasta labor evangelizadora y social que la Iglesia brasileña llevaba años desarrollando, mediante la organización de cristianos en Comunidades Eclesiales de Base (CEB) y la fundación de cooperativas y sindicatos campesinos. Con el tiempo, Dom Hélder se convertiría en el principal impulsor de las denuncias públicas de los obispos del nordeste y promovería un movimiento civil de resistencia social pacífica que alcanzó una notable repercusión internacional.

La polifacética personalidad de Dom Hélder es difícil de describir en pocas palabras. *«La mirada de Dom Helder va más allá de los límites de su experiencia directa. Una mirada de poeta, de profeta, que lee los análisis de un padre Lebret con los ojos de un padre Teilhard y que traduce las encíclicas pontificias en la lengua de fuego del apóstol Santiago... Yo no soy un experto —nos dice— ni en economía, ni en sociología, ni en política. Yo soy un pastor que está ahí y que ve sufrir a su pueblo»*, escribía José de Broucker en su libro *Dom Hélder Cámara*.

La educación liberadora en la visión de Dom Hélder Cámara

Para Dom Hélder Cámara, la ignorancia era identificada como la raíz de múltiples injusticias sociales; consecuentemente, educar era iluminar el camino hacia la libertad. Él concebía la ignorancia no solo como la mera ausencia de formación formal, sino, crucialmente, como la falta de conciencia sobre las desigualdades sistémicas. Esta ignorancia, argumentaba, perpetúa la pobreza y la inequidad. Por ello, sostenía que combatir la ignorancia es luchar por la dignidad humana.

El arzobispo de Olinda y Recife argumentaba que la educación liberadora debe capacitar a las personas para entender y transformar su propia realidad social, considerandola la herramienta más potente para la transformación global. Para él abrir una verdadera escuela sería la manera de cerrar la prisión de la mente. Cámara era un firme defensor de la educación como vehículo para erradicar la injusticia social y fomentar el desarrollo humano integral, liberando a los individuos de la opresión y la miseria. La educación liberadora, en la perspectiva de Dom Hélder, se fundamenta en el axioma de la responsabilidad compartida: «*Todos y cada uno de los hombres son responsables por sus acciones y por sus omisiones, del destino de toda la humanidad*». Con gran visión crítica, también advertía que: «*La educación será el mayor de los fracasos mientras haya dictaduras de izquierdas y de derechas*». Además, señalaba el peligro de ambos extremos sociales: «*La miseria deshumaniza; pero también el exceso de confort hace al hombre inhumano*».

Superar el miedo y el egoísmo

Dom Hélder hacía hincapié en la necesidad perentoria de superar el miedo y el egoísmo para la consecución de una sociedad más justa, respetuosa y solidaria. Instaba a la unión para combatir el miedo, tanto el de los oprimidos como el de los privilegiados. La base de este proceso radicaba en el respeto efectivo a la persona humana como pilar fundamental de la educación. En este sentido, promovía una educación liberadora enfocada en la superación del egoísmo. Como lo expresó directamente: «*Urge que todos nos unamos para denunciar y echar por la borda el miedo: el miedo de los que no tienen nada y se creen oprimidos para siempre irremediablemente, y el miedo de todos aquellos que teniendo, se asustan ante el riesgo amenazador de perder sus propios bienes; el fundamento de toda educación está en el respeto efectivo a la persona humana; respeto recíproco a cada uno de los esposos... respeto debido a cada niño... respeto por parte de quienes gozan de la autoridad... y respeto también por parte de todos los que tienen que obedecer, para que obedezcan sin servilismo alguno*».

Continúa profundizando en el objetivo de esta liberación con estas palabras: «*Educación liberadora, pero ¿de qué? Del egoísmo que desemboca en el orgullo y fomenta en el hombre la audacia de imaginarse que puede prescindir de Dios o reemplazarle. Del egoísmo que repliega a los hombres sobre sí mismos, provocando malestar, tensiones, divisiones, separaciones en las familias, en los grupos, en los partidos e incluso en las religiones. Del egoísmo que alcanza unas dimensiones planetarias y hace imposibles la solidaridad universal y la paz real entre los hombres*».

Concientización y acción colectiva

El obispo enfatizaba que la auténtica educación no se limita a la mera transmisión de conocimientos, sino que implica el desarrollo de la conciencia crítica. De hecho, Dom Hélder Cámara veía la alfabetización no solo como la habilidad de leer y escribir, sino como un instrumento para la participación activa en la sociedad. Por ello, era esencial promover una educación liberadora que fomentara la solidaridad y la acción colectiva, desafiando las estructuras de poder existentes para impulsar el cambio social.

Para el «obispo de los pobres», el rol de la fe era crucial: *«La Iglesia no es "el opio del pueblo". Debemos probar con hechos que la religión no es alienada ni alienante, sino que ella pretende encarnarse como Cristo».*

Defendía que ante realidades precarias, como el problema del analfabetismo, no bastaba una simple solución técnica, sino que era imperativo ir más allá. Era preciso abrir los ojos, colocar a la criatura de pie y enseñar a trabajar en equipo. Enseñar a no esperar todo del gobierno. Y advertía sobre las reacciones del poder: *«En una palabra, es necesario concienciar, es decir, despertar la conciencia. Esto muchas veces es interpretado como actitud de subversión y de marxismo».*

En su libro *Revolución dentro de la Paz*, Dom Hélder reafirmaba que la transformación sin un cambio de mentalidad carece sentido, no echa raíces: *«Lo que se hace sin trabajo educativo, sin preparación de mentalidades, no echa raíces. Una transformación no emprendida por aquel a quien se le hace violencia sólo reportará amargura y resentimiento... Es un sueño difícil de realizar, pero espero que sea realizable y capaz de introducir cambios radicales y rápidos para revoluciones creadoras».*

Dom Hélder, en una conferencia en la Universidad de Cornell, Nueva York, abogó por un enfoque educativo integral que promoviera a individuos y comunidades, criticando la sistemática resistencia de las estructuras de poder ante este proceso de emancipación social y mental: *«Es necesario mucho más que enseñar a leer y escribir. Es preciso despertar la iniciativa, promover líderes, enseñar a trabajar en equipo, mostrar que aquello que uno solo no puede hacer, todos juntos podrán. Es preciso enseñar que no se debe esperar todo del gobierno. A ese trabajo damos el nombre de "concientización". [...] Lo curioso es que los patronos se rebelan contra la concientización de las masas. El propio gobierno se alarma, diciendo: "Ya que es más fácil y rápido concientizar que hacer las reformas estructurales, aquel que, sabiendo esto, concientiza las masas, es subversivo, es comunista"».*

La Gloria de Dios es que el hombre viva: concientizar para liberar

Dom Hélder Cámara nunca abandonó su profunda preocupación por la educación y la promoción humana de los desfavorecidos. Rápidamente comprendió que el mero «trabajo por los pobres» resultaba insuficiente. Tuvo la intuición genial de que la Iglesia debía trabajar con los pobres. A partir de este principio, el desarrollo integral de la persona se convirtió en su pasión, y eligió la «concientización» como método fundamental para despertar la conciencia crítica de su pueblo.

En este proceso de toma de conciencia, y propuso un modelo operativo: *«Para llegar lo más lejos posible en nuestro trabajo de concientización, debemos aplicar rigurosamente la trilogía de Cardijn: ver, juzgar, actuar».*

Para Dom Hélder, el principio de san Ireneo «La gloria de Dios es que el hombre viva», se convierte en un imperativo ético. Este vivir con dignidad exige, ineludiblemente, la liberación de la conciencia de toda opresión. La importancia de su papel en la difusión del término «concientización» es confirmada por el propio Paulo Freire, el gran pedagogo de los oprimidos. En su libro *Concientizar para liberar,* Freire reconoce: *«La palabra [concientización] fue creada por uno de los profesores de aquella época, yo no sabría decirles cuál, pero el hecho fue que nació de sus reflexiones en equipo. (...) Fue Hélder Cámara, quien se encargó de difundirla y de traducirla al inglés. Así, por su influencia, más que por la mía, la palabra entró a Europa y a los Estados Unidos (...) [Posteriormente] escribí un artículo que titulé "Educación y concientización", pero fue Hélder Cámara, quien en sus giras por el mundo hizo conocer este vocablo».*

Para el arzobispo, el amor de Dios no puede ser abstracto: nos impulsa a amar a los hombres con hechos y con verdad. Este amor exige la valentía de enfrentarnos a nuestra propia conciencia y evitar la evasión o la ceguera que justifica el orden social establecido y sus injusticias. Cámara desafió a aquel sector de la cristiandad que se alarmaba y escandalizaba al ver que otros creyentes sentían la obligación de denunciar las injusticias y apoyar los esfuerzos destinados a que los oprimidos se liberen por sí mismos de sus cadenas.

Dom Hélder hace un llamamiento enérgico a los cristianos para que reconozcan su responsabilidad en el mantenimiento de las injusticias sociales y actúen para transformar las estructuras de desigualdad y opresión. Expresaba una profunda preocupación por el escándalo que supone para el mundo que los cristianos, aun de forma involuntaria, presten apoyo a estructuras opresivas. En su empeño por impulsar la toma de conciencia, planteaba preguntas interpelantes: «*¿No es cierto que nos encontramos atrapados en la maquinaria capitalista? ¿No es cierto que seguimos pecando por omisión al permitir que el orden social se confunda con un orden estratificado, y que en la práctica seguimos prestando nuestro sostén a las estructuras que esclavizan a los hombres? (...) Tengamos siempre presente en nuestra mente el pensamiento de que Cristo no sólo vino a librarnos del pecado sino también de las consecuencias del pecado. Él vino a ayudarnos a conquistar la eternidad, y ésta comienza en este tiempo, en este mundo, aquí y ahora*».

En esencia, su discurso es una interpelación radical a la conciencia y a la acción contra la desigualdad global, cuyos efectos deshumanizan a la sociedad en su conjunto. Nos reta a educar nuestra conciencia con estas palabras: «*¿Cómo podemos cerrar nuestros ojos, nuestros oídos, nuestra conciencia ante las injusticias que deshumanizan por la miseria a más de dos tercios de la humanidad* *y hacen correr el riesgo al resto de la humanidad de deshumanizarse por su parte con el exceso de confort y el egoísmo?».*

Dom Hélder defendía que los campesinos debían organizarse como una fuerza de presión legítima para modificar las estructuras fundamentales del país. Su incesante trabajo en la promoción humana en Brasil era realizado en nombre del Evangelio, ya que éste encierra una exigencia profunda de libertad y justicia. Por esta fidelidad a Cristo y su Evangelio, él luchaba por la justicia en su tierra y rechazaba la calificación de «subversivo».

Grupos de formación y acción pequeños

Dom Hélder Cámara dedicó su vida a reavivar en las comunidades empobrecidas la esperanza de la liberación y una conciencia clara de sus derechos humanos. Sostuvo que, para llevar a cabo la denuncia efectiva de las injusticias y promover el cambio de estructuras, era fundamental comenzar con la creación de pequeños grupos de formación y acción. A estos colectivos, Dom Hélder los denominó minorías abrahámicas, concibiéndolos como células de transformación social. Su función primordial era actuar «contra injusticias concretas locales», y a través de la vivencia de esta acción, alcanzar una visión integral de los mecanismos de opresión. De esta manera, se capacitarían progresivamente para la construcción de un mundo más humanizado.

El principio cardinal para estos grupos es la búsqueda de la unidad y la organización, articulándose en torno a un conjunto de valores comunes, como la aspiración universal a la igualdad y la dignidad. Dom Hélder, como líder visible, encabezó las denuncias públicas de los obispos del nordeste de Brasil. Simultáneamente, promovió un movimiento civil de resistencia social pacífica que alcanzó una notable repercusión internacional, demostrando la eficacia de la acción organizada desde la base.

Su visión de la acción global se basaba en la convicción de que estas minorías existen en todas partes: *«En todos los países, entre todas las razas, entre todas las lenguas y religiones, existen pequeñas minorías ansiosas de colaborar en la construcción de un mundo más justo y más humano... Estas minorías, hambrientas de justicia y ansiosas por creer en el poder de las ideas, de la verdad y del amor, se asociarán fácilmente en grupos de acción para la justicia y la paz».*

Cámara hacía hincapié en la necesidad de la acción concreta sobre la mera retórica: *«Acción y no sólo palabras, planes y conclusiones bonitas y resonantes. Justicia, porque esto es lo crucial, lo que reparte las aguas. Paz como objeto final, la concreción del amor entre los hombres y de los hombres hacia Dios. Todo dependerá de las acciones concretas y válidas».*

La única guerra legítima: Contra la miseria y a ignorancia

El clamor de Dom Hélder, *«La única guerra legítima es aquella que se declara a la miseria y la ignorancia»,* enlaza directamente con la esencia histórica del movimiento de los pobres: la emancipación cultural y la solidaridad. La historia del movimiento obrero es, en última instancia, una historia de emancipación cultural.

Esta tesis encuentra eco en los orígenes del movimiento obrero. En la Primera Internacional, el lema de los delegados españoles declaraba: *«La miseria y la ignorancia son los principales enemigos del pueblo. ¡Guerra a la ignorancia y a la miseria! Frente a la ignorancia, libros y periódicos. Frente a la miseria, asociación».* En la Europa del siglo XIX, al enfrentarse al capitalismo burgués, la primera acción de los empobrecidos fue la búsqueda de la alfabetización, aprender a leer y a escribir. Frente a la cultura individualista burguesa, promovieron una cultura solidaria que buscaba capacitarle para ser protagonista de su existencia personal y colectiva. Fortalecer la conciencia fue la acción emancipadora primordial.

Esta misma realidad se refleja en la lucha contra la esclavitud. En Estados Unidos esclavista, donde era excepcional que un esclavo supiera leer, Frederick Douglass escribió en *Vida de un esclavo americano*, su impresionante autobiografía: *«Cuando aprendas a leer serás libre para siempre»*. Para él, el «pan de conocimiento» era más crucial que el alimento físico; la cultura se convierte en el agente redentor de la condición de esclavo. La vida de Douglass se erigió en un testimonio influyente en la lucha por la liberación, la justicia y la educación para todos.

Pensamiento sistémico y prioridad de la promoción humana

Dom Hélder poseía un pensamiento profundamente sistémico, enfocado en las raíces y causas estructurales de la injusticia. En sus escritos, definía la estrategia de lucha: *«En la guerra contra la injusticia, el ochenta por ciento del tiempo y del esfuerzo debe dedicarse a cambiar las estructuras y a la promoción humana. El tiempo restante debe estar disponible para ayudar a las víctimas de la guerra social»*. Esta visión sistémica explica su profunda y constante preocupación por la promoción de los empobrecidos y su insistencia en que los campesinos se «pusieran en pie».

Brasil, como él mismo recordaba, fue uno de los últimos países en abolir la esclavitud (Ley Áurea de 1888), una abolición lograda sin derramamiento de sangre gracias a la presión de jóvenes universitarios, poetas y periodistas. No obstante, Dom Hélder advirtió proféticamente: *«Un gran problema en Brasil es que, cuando se terminaron los esclavos africanos, se crearon esclavos brasileños. Y sólo terminará cuando tengamos el coraje de hacer una verdadera reforma agraria. Este es, aún, uno de los sueños de mi vejez».* Esta preocupación por la reforma agraria trascendía Brasil. Dom Hélder nos exhortaba a luchar por la «causa del siglo»: la liberación definitiva de los dos tercios de la humanidad que viven bajo condiciones de servidumbre.

La reforma agraria como acción profética

La propuesta de reforma agraria de Dom Hélder no fue una mera declaración política, sino una acción profética concreta. La llevó a la práctica utilizando tierras de la Arquidiócesis de Olinda y Recife y destinando los fondos de los premios internacionales que recibió para la compra de áreas agrícolas cercanas a las ciudades, distribuyéndolas entre los trabajadores del campo. Para él, el Pacto de las Catacumbas se convirtió en una segunda regla de vida, priorizando a los pobres.

Sus tesis sobre la «educación liberadora» —las cuales ya habían influido en círculos teológicos internacionales— se convirtieron en el *humus* del que germinó una auténtica «Teología de la Liberación», tanto en su vertiente espiritual como pastoral. Frente al «asistencialismo», Dom Hélder promovía la promoción humana integral, ayudando a los hijos de Dios a superar la miseria y la injusticia, razón por la cual fue calificado de «filocomunista» o «subversivo».

Lectura, conciencia y crítica a la propiedad

Es innegable la necesidad de promover una cultura solidaria frente a la hegemonía individualista del capitalismo burgués. La lectura permite entender y transformar el mundo. Un pueblo que lee y se organiza solidariamente es difícil de manipular; la lectura social combate la ideología imperante y ayuda a descubrir que nuestra verdadera patria es toda la humanidad. Como afirmó el Papa Francisco, *«La lectura es necesaria para construir un mundo más justo y fraterno»*.

Desde los inicios del movimiento obrero organizado, se reconoció la importancia de la acción cultural mediante el lema: *«Frente a la ignorancia, libros y periódicos; frente a la miseria, asociación»*. Los trabajadores y los pobres fueron profundamente conscientes de la importancia vital que la prensa y los libros tenían para su existencia solidaria y su emancipación. Sin el frente cultural —es decir, sin la prensa obrera—, la formación de la conciencia y la cultura obrera habría sido absolutamente imposible; en esencia, el movimiento obrero no habría podido consolidarse. De hecho, la prensa obrera alcanzó una superioridad significativa en número de cabeceras y tirada en comparación con los periódicos de la burguesía, evidenciando que la lucha por la cultura fue tan crucial como la lucha por los derechos laborales.

Con un país como Brasil sufriendo la lacerante mortalidad infantil y el hambre (en algunos pueblos, siete de cada diez niños morían antes del primer año), Dom Hélder lanzó una crítica profunda al sistema de propiedad: *«Quiero denunciar una vez más ese orden establecido por un desorden estratificado (...) Tened el coraje de reexaminar a fondo los conceptos de propiedad. La propiedad no es para nadie un derecho absoluto inalienable. Ayudadme a demostrar que cuando alguien tiene más de lo que necesita para vivir no tiene derecho a guardárselo cuando existen otros que ni siquiera tienen lo necesario»*

Dom Hélder concluía que las mini reformas son insuficientes; lo que se necesita es un cambio estructural profundo. Sin embargo, este cambio debe comenzar por la transformación de las mentalidades y creencias de las personas: una conversión en el sentido evangélico: *«Vamos a comenzar a trabajar, si Dios quiere, para lograr una verdadera presión moral liberadora. No os escandalicéis, llegaremos a una presión moral liberadora; es la única manera de evitar la violencia armada y este estado general de desesperación... No nos interesan las minirreformas, no resolveremos nada. Necesitamos un verdadero y profundo cambio de estructuras. Y es cierto que para llegar a ese cambio de las estructuras deberemos comenzar por el cambio de las estructuras mentales. Esta es la conversión de la que nos habla el evangelio».*

Despertar conciencias y ser despertadores.

Dom Hélder Cámara identifica la concientización como la tarea primordial y compartida de su misión profética: *«Personalmente, pienso que nuestra responsabilidad, nuestra tarea, consiste en despertar las conciencias».* Este imperativo se dirige especialmente a aquellos que se benefician del orden social injusto.

El primer foco de la concientización son *«las conciencias de los ricos que hay entre nosotros».* Dom Hélder lamenta que este trabajo se haya olvidado a menudo con los miembros de las élites, incluso aquellos vinculados a la Iglesia (hijos en colegios católicos, mujeres que asisten a misa, hombres que acuden en festividades). El mensaje directo que propone es de fraternidad y confrontación estadística: *«Debemos decirles: "Es normal que penséis en vuestros hijos, en vuestras casas y en vuestros negocios. Pero somos todos hermanos y tenemos el mismo Padre. Lo que no es normal es que, en un país que se llama 'cristiano', haya un uno por ciento de potentados, un cinco por ciento de excesivamente ricos, un diez por ciento de ricos... y luego la inmensa masa de pobres y demasiado pobres"».*

El segundo foco de su interpelación son los países ricos. Dom Hélder reconoce con esperanza que Dios está suscitando «despertadores» dentro de esas naciones. Observa la creciente aparición de grupos, especialmente de jóvenes, que «invitan y hasta obligan a reflexionar». Estos activistas demuestran que la creciente brecha entre países ricos y pobres no es producto del azar, la raza, la inteligencia o el valor, sino el resultado de graves injusticias estructurales: «*Demuestran que, si hay países ricos cada vez más ricos y países pobres cada vez más pobres, no es cuestión de raza ni de inteligencia ni de valor. Es porque existen graves injusticias*». Dom Hélder concluye con una ética del servicio radical que desvincula el éxito de la fidelidad. El valor no reside en el triunfo, sino en la entrega: «*Dios no nos pide el éxito: no nos pide que venzamos. Sólo nos pide que trabajemos. Personalmente quisiera emplear toda mi vida, sin perder ni un instante, en el bien del prójimo para la gloria de Dios. Consumir mi vida como una lámpara, hasta el pábilo que queda erecto cuando se consume.... No se conquista el reino de Dios diciendo, ¡Señor, Señor!*».

ORACIÓN POR NUESTROS HERMANOS, LOS RICOS

«A continuación del Magníficat de María yo quisiera rogar por los ricos. ¿Por qué?, se dirá, quizá. ¡Tienen tantas cosas: dinero, saber, poder! ¿No se bastan a sí mismos? ¿Tienen necesidad de ayuda? Pues, a pesar de todo, sí ¡hay que rogar por ellos!

¡Señor!
Solo Tú tienes la vida en tus manos,
Sólo Tú posees el conocimiento y la libertad.
La verdadera riqueza sólo Tú la posees;
esa riqueza que no pierde valor,
y permanece más allá de la tumba;
la que se comparte sin empobrecer.
Haz que nuestros hermanos los ricos
comprendan que los lingotes de oro
no se cotizan en el más allá;
que en el país de la eternidad solamente se acepta el amor,
como valor auténtico.

Concede a sus hijos que todo lo tienen,
que descubran la miseria de los pobres,
y no rehúyan su deber social.
No permitas que una vida fácil los eche a perder,
sino que aprendan el valor de la renuncia
para que nazca un mundo mejor,
no contra ellos, sino con ellos»

(Hélder Cámara)

CAPÍTULO 3

PERMANENTES EN LA ORACIÓN
PERMANENTES EN LA LUCHA

«Feliz el que entiende que es
necesario cambiar mucho para
ser siempre el mismo»

Dom Hélder Cámara

Un día, en el salón de su sede episcopal, en que los hombres se apretujaban en torno a él y estaba vacío el trono episcopal que él nunca utilizaba, le pidió a un campesino harapiento y atemorizado que se sentara. Entonces exclamó Hélder alegremente: *«En este día he comprendido a Cristo Rey».*

El obispo de los pobres, conocido por su crítica mordaz a las injusticias, fue ante todo un hombre de fe profunda. Dom Hélder unía indisolublemente su acción social a la influencia de Dios, demostrando que la lucha por la justicia nace del encuentro contemplativo. Su vida contemplativa no era un refugio aislado del mundo, sino el motor que impulsaba su acción. A través de sus propias palabras y reflexiones, podemos vislumbrar cómo la oración era para él el aliento vital de la existencia cristiana, una práctica que unía lo íntimo con lo colectivo, lo personal con lo social. En este capítulo, exploraremos su experiencia personal con la oración, su rutina diaria y cómo integraba esta dimensión espiritual con un compromiso activo en favor de los oprimidos, demostrando que orar y actuar son dos caras de la misma moneda evangélica.

Un contemplativo en acción. La fuerza de la oración

Dom Hélder fue un hombre de acción incesante y oración radical. Sus allegados atestiguan que su fuerza provenía de una rigurosa vigilia de oración que mantenía todos los días de 2:30 a 5:00 de la madrugada. Solía expresar: *«Qué sería de mí, cómo resistiría, sin este ejercicio de oración que me abastece».*

Afirmaba que muchas veces llegaba a orar destrozado, fragmentado por dentro, y se reconstituía interiormente en la oración. Su experiencia contemplativa llevaba inevitablemente a la acción, como lo refleja su propia reflexión: *«¿Me equivoco Señor? ¿Es una tentación pensar que Tú me urges cada vez más a ir anunciar que es necesario pasar de la presencia Eucarística a tu otra presencia, tan real como ésta, en la Eucaristía del pobre? Los teólogos discutirán. Invocarán mil distinciones [...] Pero desgraciado del que se alimenta de Ti y luego no tiene los ojos abiertos para descubrirte buscando tu alimento en las basuras y expulsado de todas partes, viviendo en condiciones infrahumanas, bajo el signo de una total inseguridad».*

Rezaba hasta las cuatro, dormía otra hora u hora y media, y se levantaba para celebrar misa y comenzar su jornada. La acción de Dom Hélder, nacida de esta espiritualdad, marcó la diferencia en la Iglesia brasileña. Su incomodidad radicaba en que no solo hablaba de quien padecía hambre, sino de las causas estructurales del hambre, lo cual desafiaba la lógica del sistema.

La vida cotidiana de Dom Hélder reflejaba esta unión entre fe y acción. Vivía en una casa modesta junto a la iglesia de las Fronteras y a menudo él mismo atendía a quienes llamaban a su puerta.

Dos anécdotas ilustran su visión del Evangelio: Cierta noche la policía hizo una batida en una favela de Recife, en busca del jefe del tráfico de drogas. Confundió a un obrero con el hombre buscado. Lo llevó a la comisaría y empezaron a torturarlo. La lógica policial era ésta: si el tipo calla y no habla es porque es importante, entrenado para guardar secretos. Los vecinos y la familia, desesperados, se apostaron ante la comisaría y oyeron los gritos del hombre. Hasta que alguien tuvo la idea de sugerir que la esposa del obrero recurriese a Dom Hélder. La mujer llamó a la iglesia de las Fronteras: *«Dom Hélder, por el amor de Dios, venga conmigo porque en la comisaría del barrio están matando a mi marido a golpes».* El prelado la acompañó. Al llegar allá el comisario quedó asustadísimo:

—Eminencia, ¿a qué debo el honor de su visita a esta hora de la noche?

Dom Hélder explicó:

—Doctor, vine aquí porque hay un equívoco. Ustedes prendieron a mi hermano por equivocación.

—¿A su hermano?

—Sí, fulano de tal (dio el nombre) es mi hermano.

—Pero Dom Hélder —reaccionó el comisario—, discúlpeme, pero cómo iba a adivinar que es su hermano. ¡Ustedes son muy diferentes!

Dom Hélder se aproximó al oído del comisario y susurró:

—Es que somos hermanos sólo por parte de padre.

—Ah, comprendo, comprendo.

Y soltaron al hombre.

Un día el gobierno militar, preocupado con la seguridad del arzobispo de Olinda y Recife, temiendo que le sucediera algo y recayera la culpa sobre la dictadura, envió delegados de la Policía Federal a ofrecerle un mínimo de protección. Le dijeron:

—Dom Hélder, el gobierno teme que algún delincuente le amenace y recaiga la culpa sobre el régimen militar. Estamos aquí para ofrecerle seguridad.

Y Dom Hélder reaccionó:

—No necesito de ustedes, ya tengo quien cuide de mi seguridad.

—Pero, Dom Hélder, usted no puede tener un cuerpo de seguridad privado. Todos los que tienen servicio de seguridad deben registrarlo en la Policía Federal. Ese equipo debe ser conocido por nosotros, incluso debido a la portación de armas. Usted debe decirnos quiénes son las personas que cuidan de su seguridad.

Dom Hélder respondió:

—Pueden anotar los nombres; son tres personas: el Padre, el Hijo y el Espíritu Santo.

La oración y compromiso cristiano son una sola cosa

La tensión entre el cristiano *espiritual* y el cristiano *comprometido* es particularmente sensible en el mundo de los jóvenes. La misma elección de uno de los temas del Concilio de los jóvenes de Taizé hace ya 45 años, «Lucha y contemplación», indicaba que el problema constituye realmente el núcleo de un problema en la Iglesia que sigue siendo actual. Dom Hélder quiso hacer comprender que la oración y la acción evangelizadora, social y política, no son más que una sola cosa en la vida del cristiano que quisiera ser fiel a todas las páginas del Evangelio versículo por versículo.

Para Dom Hélder la cruz es vertical y horizontal, simultáneamente. Con este espíritu es como concibe la vida: permanentes en la oración y en la acción trasformadora. Amor a Dios y amor al prójimo. Ser cristiano es estar «injertado» en Jesucristo y al mismo tiempo en los acontecimientos del mundo. Es estar abierto a Dios en la apertura al mundo. Es ser a un tiempo hombre de oración y hombre de acción, fiel a Jesucristo, Hijo unigénito de Dios y hermano de los hombres. Evitando un doble escollo: el de un cristianismo desencarnado y el de un cristianismo sin Cristo resucitado y viviente.

Ser cristiano, en esta concepción, es estar «injertado» en Jesucristo y al mismo tiempo en los acontecimientos del mundo. Su visión, recogida en el documento[12] *Malinas 3* junto al Cardenal Suenens, instaba a superar los exclusivismos y a integrar «lo que Dios ha unido»: el primer y el segundo mandamiento. Se trataba de evitar ese doble escollo

En una entrevista de 1965, Dom Hélder criticó duramente a quienes limitaban el papel de la Iglesia a la «salvación de las almas»: «*¡Como si fuera posible separar la vida eterna de la vida humana! ¡Y al amor de Dios del amor de los hombres...! ¡Como si las Escrituras no calificasen de mentirosos a aquellos que dicen amar a un Dios que no ven, sin amar al prójimo que ven constantemente!*».

La Oración como respiración esencial de la vida cristiana

Para Dom Hélder, la oración no era un mero ritual, sino una necesidad tan fundamental como la respiración. Él mismo lo expresaba con claridad: «*Sin oración, no hay corriente. No hay respiración cristiana*». Esta convicción se forjó tempranamente en su vida sacerdotal. Ordenado sacerdote en

---

[12]El papa Francisco ha recomendado la lectura de este documento titulado: «Renovación en el Espíritu y servicio del hombre». El Cardenal Suenens, arzobispo de Malinas, Bruselas, hace esta magnífica reflexión de plena actualidad: «*El querer y no querer las mismas cosas (idem velle et idem nolle) es, según los antiguos, la base de toda la amistad. Hemos creído que expresándonos juntos [Hélder y Suenens], en estas páginas, respecto a dos acentuaciones que hoy determinan un distanciamiento entre cristianos —los "comprometidos" y los "carismáticos"—, quizá pudiéramos ayudar a superar ciertos exclusivismos empobrecedores y a integrar "lo que Dios ha unido": el primero y el segundo mandamiento*».

1931, a los veintidós años y medio, en Fortaleza, al nordeste de Brasil, comprendió que su entrega total a Dios y al prójimo requería un espacio dedicado a la escucha divina. *«Desde esta época comprendí que, ante mi decisión de darme sin reserva a Dios y a mi prójimo, me sería absolutamente necesario consagrar espacio y tiempo a escuchar al Señor y a expresarle mis problemas. Sin esto, en poco tiempo me quedaría vacío, sin tener nada que ofrecer a mis hermanos y al Señor».*

Esta experiencia personal lo llevó a valorar la oración como un acto de restauración interior. Comparaba el reposo del alma con el del cuerpo: *«He descubierto que cometemos una enorme injusticia con nuestra alma si no le damos la ocasión de rehacerse, del mismo modo que, llegada la noche, concedemos reposo a nuestro cuerpo».* Para él, el espíritu se nutría de diversos reposos —el contacto con la naturaleza, la música, la conversación con amigos—, pero para los creyentes, nada superaba el diálogo con el Señor. Gracias a una gracia particular, se despertaba cada noche a las dos de la mañana para orar durante dos horas, sin que esto representara un sacrificio. *«¡Que nadie se imagine que soy un gran penitente! No es un sacrificio para mí "velar y orar"».*

El Proceso de oración: rehacer la unidad en Cristo

El método de oración de Dom Hélder era estructurado y profundamente cristocéntrico. Al despertar, su primer acto era *«rehacer en mí la unidad».* Reconocía que la jornada diaria dispersaba al ser humano: *«Durante la jornada me disperso: mis ojos, mis brazos, mis piernas siguen direcciones distintas. En estos momentos privilegiados de la noche trato de rehacer la unidad en mi vida, esta unidad que desde nuestro bautismo está en Cristo».*

Una oración que recurría frecuentemente era la inspirada en el Cardenal Newman: *«¡Señor Jesús, no te quedes tan escondido dentro de mí! Mira por mis ojos; escucha por mis oídos; habla por mis labios; entrégate por mis manos; anda por mis pies… ¡Que mi pobre presencia humana recuerde al menos de lejos tu presencia divina!».*

Una vez unido a Cristo, procedía a un diálogo filial con el Padre: adoración, donde recordaba lo más bello visto en su vida; acción de gracias; petición de perdón, reconociéndose como «embajador cualificado de la debilidad humana»; y finalmente, las peticiones por los demás. En este momento de intercesión, realizaba un *balance* de la jornada anterior, reflexionando sobre las personas encontradas y sus necesidades. Por ejemplo: *«Encontré a un trabajador en paro... Pienso en él, concretamente. Pero, aparte de él, pienso (pensamos) en todos los parados de hoy... Encontré a esta joven que se abre a la vida... Pienso en ella, pero, aparte de ella, están todos los jóvenes, sus problemas, sus esperanzas o sus penas».* No olvidaba el Breviario (la Oración de las Horas), y todo culminaba en la unidad con Cristo.

Esta vigilia nocturna lo preparaba para la Eucaristía, *«cumbre de la jornada».* Para Dom Hélder, la Misa no era un evento aislado, sino que impregnaba toda su existencia: *«Por gracia del Señor, la Eucaristía abarca la jornada entera, porque todo, en mi simplicidad, se hace Ofertorio, Consagración, Comunión... ¡Os aseguro que, de esta manera, el Señor me da mil razones para vivir!».* Además, evocaba con alegría la oración comunitaria en las comunidades de base, destacando su belleza y profundidad.

La Síntesis: Espiritualidad Profunda y Compromiso Social Activo

La vida contemplativa de Dom Hélder no era un escape del mundo, sino su fundamento para la acción. Sintetizaba una visión de fe donde la oración y el compromiso social se entrelazaban inextricablemente: *«Fuera de la humildad y del amor, no se da ningún paso por el camino del Señor. Yo os invito a vivir a la vez bajo el impulso del Espíritu y a dejaros conducir por Él al corazón del mundo, al corazón de los problemas de los hombres. Hay que orar y actuar al mismo tiempo».*

81

Insistía en que la evangelización y la humanización debían ir de la mano, especialmente entre los oprimidos. «*Ayudad a aquellos que están convencidos de que la situación de los hermanos oprimidos, aplastados y reducidos a una condición infrahumana, es tan terrible que es de todo punto urgente ayudarlos a vivir en condiciones humanas, incluso antes que evangelizarlos. Hay que ayudarlos a comprender que la evangelización y la humanización van a la par, viviendo simultáneamente este doble aspecto del mismo evangelio*».

En las zonas de miseria, descubría la acción poderosa del Espíritu Santo. «*Se descubre con asombro que el Espíritu Santo puede actuar poderosamente en medio de los pobres aplastados por el hambre y la miseria*». En estas comunidades, los comentarios más profundos sobre el Evangelio provenían a menudo de los humildes, no de los cultos, recordando las palabras de Cristo: «*Yo te doy gracias, Padre, porque has ocultado estas cosas a los prudentes y a los sabios, y se las ha revelado a los humildes...*» (Mt 11,25). En esta línea Dom Hélder Cámara nos sorprende con un episodio muy ilustrativo: el de Anunciada, una mujer analfabeta del nordeste brasileño, detenida por resistir un desalojo: «*Dejadme evocar un episodio de la vida cotidiana del nordeste del Brasil. Anunciada, una pobre mujer que no sabe leer ni escribir, había alentado a la resistencia a sus vecinos, amenazados de ser expulsados de sus hogares. Fue detenida y llevada en un coche de la policía, para ser sometida a interrogatorio por un comisario. Los pobres, frente a la policía, están expuestos más que nadie, ya que no tienen dinero ni abogados que los defiendan. Anunciada temblaba de miedo, un sudor frío brotaba de su frente. Pero ella hablaba a Cristo en su corazón: "Señor, ayúdame. Sin tu ayuda, lo haría peor que san Pedro y Judas. Te traicionaría y traicionaría a tus vecinos". Entonces ella se acordó de una palabra de Cristo, que había aprendido de los animadores de nuestro movimiento de evangelización popular "Encuentro de los hermanos". Ella se acordó de que Cristo había dicho: "Cuando os lleven ante los tribunales, no os inquietéis por lo que vais a contestar: El Espíritu de Dios hablará en vosotros" (Mt 10, 19-20). Estas palabras adquirieron tal relieve para ella, que hizo frente con una calma profunda al interrogatorio. Puesta en libertad, nos contaba que había dado respuestas tan bellas que ni siquiera podía repetirlas. Se palpa ahí la acción del Espíritu Santo, de acuerdo con la promesa del Señor Jesús».*

En resumen, la vida contemplativa de Dom Hélder Cámara es un testimonio vivo de cómo la oración nutre el alma para el servicio. No separa el misticismo de la militancia; al contrario, los une en una fe integral que invitaba a todos a orar y actuar simultáneamente, transformando el mundo desde el corazón de Dios. Su ejemplo sigue inspirando a quienes buscan equilibrar la interioridad espiritual con la justicia social.

Asimismo, Dom Hélder advierte contra el uso de la oración como excusa para evitar la acción social. Rechaza la categorización simplista de cristianos como «horizontalistas» o «verticalistas». Enfatiza que la oración y el compromiso cristiano son inseparables, como la metáfora de la cruz, simbolizando la unión del amor a Dios y al prójimo. En esencia, promueve un cristianismo activamente comprometido con la justicia social, la noviolencia y la transformación de las estructuras injustas, sin perder la dimensión espiritual. Defiende a los cristianos que luchan por sus derechos sin violencia. Insta a reconocer la miseria «institucionalizada» como la raíz de la violencia. Promueve la noviolencia activa y la presión moral como alternativas a la violencia armada. Llama a denunciar la carrera armamentista y la proliferación nuclear. Critica la idolatría de la «seguridad nacional» que justifica violaciones de derechos humanos. Anima a estudiar y denunciar las estructuras injustas en la sociedad. Aboga por una Iglesia humilde y al servicio de los demás.

La Voz de Dios en el clamor de los oprimidos

En el corazón de la espiritualidad de Dom Hélder Cámara, la contemplación no era un ejercicio aislado o etéreo, sino una inmersión profunda en la realidad del mundo, donde la voz de Dios resonaba a través del clamor de los pobres y oprimidos. Su vida de oración se entretejía con la acción profética, convirtiendo el desierto de las injusticias en un terreno fértil para el encuentro divino. A lo largo de sus escritos y reflexiones, Dom Hélder nos invita a una oración que trasciende los templos y se encarna en la humanidad sufriente, recordándonos que la verdadera contemplación es un acto de conversión radical.

Dom Hélder Cámara en su libro *El desierto es fértil*, tiene un hermoso capítulo titulado «La voz de Dios, hoy». En él defiende que el clamor de los oprimidos, los pobres y los marginados es identificado como «la voz de Dios». Arguye que las injusticias han trascendido el plano individual y de clase, alcanzando las relaciones internacionales entre países ricos y pobres. Considera que la voz de los países oprimidos es la voz de Dios. Señala que Dios se sirve incluso de revoluciones violentas para despertar conciencias. Hace un llamamiento a la acción, criticando la mediocridad y el egoísmo de quienes ignoran las injusticias y el peligro que amenaza a la humanidad. Critica a quienes buscan a Dios en el confort, en templos lujosos y liturgias vacías, en lugar de verlo en los pobres y oprimidos...

Dom Hélder critica con vehemencia la sordera espiritual de quienes viven en medio de la miseria pero ignoran su eco: *«Quienes viven donde millones de criaturas humanas viven sometidas a condiciones infrahumanas, viéndose prácticamente reducidas a esclavitud, deberán estar muy sordos para no escuchar el clamor de los oprimidos. Y el clamor de los oprimidos es la voz de Dios».* En los países ricos, incluso en sus *zonas grises* de subdesarrollo, basta con escuchar para percibir el *«clamor silencioso de los sin-voz y de los sin-esperanza»*, que no es otro que la voz de Dios. *«Quien haya caído, por fin, en la cuenta de las muchísimas injusticias, consecuencia de la tan desigual repartición de las riquezas, deberá tener un corazón de piedra para no captar la protesta silenciosa o violenta, no hace al caso, de los pobres. Y la protesta de los pobres es la voz de Dios».*

Esta contemplación activa lo lleva a cuestionar el egoísmo que nos aísla: *«¿Seremos unos egoístas, tan redomados y replegados sobre nosotros mismos para no oír cómo el Dios de justicia nos exige que no dejemos ni cielo ni tierra sin remover para que las injusticias dejen de asfixiar y empujar al mundo por la pendiente de la guerra?».*

Su oración contemplativa rechaza las búsquedas cómodas de Dios en templos lujosos o liturgias vacías. En cambio, invita a encontrarlo en los pobres: *«¿Estaremos tan alienados que nos estemos permitiendo el lujo de buscar a Dios en las horas cómodas del ocio, en los templos lujosos, en las liturgias pomposas, y a menudo vacías, y no verle ni escucharle o servirle precisamente allí donde está él de verdad y donde nos espera y exige nuestra presencia: en la humanidad, en el pobre, en el oprimido, en la víctima de la misma injusticia de que tan a menudo somos nosotros cómplices?».* Para Dom Hélder, la verdadera conversión surge de esta escucha: *«¡Con lo fácil que es escuchar la llamada de Dios a través de los acontecimientos de nuestro tiempo y precisamente a nuestro alrededor! Lo difícil es no conformarse como tantos otros con unas cuantas respuestas emotivas, mezcla de compasión y de dolor. ¡Y no digamos lo costoso que nos será arrancarnos de nuestras comodidades, romper nuestras viejas estructuras —las más rígidas—, dejarnos invadir por la gracia, decidirnos a cambiar de vida, en una palabra, convertirnos!».*

Los ángeles, la Navidad y el encuentro divino

La contemplación de Dom Hélder se enriquecía con una fe sencilla y personal, como se revela en el libro *Evangelio con Dom Hélder Cámara*, una entrevista con Roger Bourgeon sobre textos del Evangelio de San Lucas. Aunque reconocía que creer en los ángeles podía parecer ingenuo, él los veía como mensajeros divinos que ayudan en la vida cotidiana. Nombró a su ángel «José», en honor al apodo cariñoso que su madre le daba: *«Mi madre me decía: "¡Ánimo, José!" Así es como llamo yo a mi ángel. Y me puedo imaginar la alegría que experimentaré cuando, al llegar a la casa del Padre, me encuentre con mi ángel y me diga su verdadero nombre»*. Esta relación lo sostenía en momentos críticos: *«En los momentos difíciles, más críticos, cuando ya no hay ayuda humana posible, entonces le pido protección a mi ángel: "¡José, José! Sé que estás siempre ahí para ayudarme. Ayúdame ahora. ¡Ayúdame, sobre todo, a ayudar!"". Y no me ha fallado una sola vez. Jamás»*.

Dom Hélder describe una experiencia mística en Roma en 1950 que ilustra esta fe. Así describe el fenómeno sobrenatural que vivió: *«No puedo decirle que haya visto nunca a un ángel. Ni siquiera al mío. Pero su presencia es tan evidente, estoy tan seguro de ella... En aquel tiempo, en la Iglesia de Occidente no conocíamos la concelebración. Cada sacerdote debía decir "su" propia misa. Estábamos haciendo cola para celebrar. Yo había ido aquel día muy temprano a decir misa a una iglesia de Roma. Pero no sabía dónde debía ponerme para que me llegara el turno. Siempre había un hermano sacerdote que pasaba antes que yo. Llega el mediodía, prácticamente la hora de cerrar la iglesia. Había allí un buen hermano franciscano que preparaba y ayudaba a todas las misas. Creía haber acabado con el último sacerdote cuando vio que todavía estaba yo esperando mi turno. Cuando uno piensa que ya ha acabado y resulta que no es así, suele uno enfadarse. Y él se enfadó. Entonces le dije: "No se preocupe, hermano, ya vendré mañana. El Señor ya ha visto mi deseo de celebrar hoy la misa. ¡Ya la diré mañana!". "¡No, no, no! ¡De ninguna manera!" Y me preparó el altar. Pero todavía tenía una pregunta que hacer: "¿Y quién le va a ayudar a misa?" Porque siempre tenía que haber un ayudante. "No se preocupe: ya me ayudará mi ángel." –"¿Mi ángel? ¿Ha dicho usted 'mi ángel'? ..." En aquel momento, no sé cómo explicarlo, tal vez sucediera algo con la electricidad…, pero el caso es que se produjo tal luz en la iglesia que el pobre franciscano cayó de rodillas llorando y temblando. Yo no quería que se quedara para ayudarme a misa, pero se quedó, tembloroso como una hoja y llorando durante toda la misa».*

Sobre la Navidad, Dom Hélder la vivía como un acontecimiento vivo en las periferias. En regiones como Recife, las familias pobres construyen chabolas en pantanos, donde nace Cristo en medio de la miseria. El escritor Roger Bourgeon le pregunta:

—*Dígame, Dom Hélder, ¿ha habido Navidades que hayan marcado más profundamente su vida?*

Dom Hélder contesta:

—*Usted sabe que en regiones como la mía podemos vivir esta escena casi a diario, porque vivimos el drama de la tierra. Las grandes compañías compran tierras en el interior del país, y las familias que llevan allí viviendo años y años deben marcharse. Cuando llegan a ciudades como Recife, buscan algún lugar donde poder vivir. Muchas veces, la madre está encinta. Y acaban construyendo miserables chabolas, por no decir sub-chabolas, casi siempre en zonas pantanosas, donde nadie puede vivir. Y allí es donde nace Cristo. No hay buey ni asno, pero sí hay a veces algún cerdo y alguna que otra gallina. Es el pesebre, el pesebre viviente de Belén. Por supuesto que en Navidad acudo a alguna iglesia a celebrar la Misa. Pero también me gusta celebrar alguna misa en uno de esos pesebres vivientes. ¿Para qué voy a ir en peregrinación a Belén, al lugar del nacimiento histórico de Cristo, cuando estoy viendo a Cristo nacer aquí actualmente, a cada instante? Se llamará Juan, Francisco, Antonio, Sebastián o Severino …, pero es Cristo. ¡Qué ciegos y qué sordos somos! ¡Qué difícil nos resulta comprender que el Evangelio continúa hoy!*

La matanza de los inocentes

Comentando Lucas 2:25-35, Dom Hélder ve en el sufrimiento de las madres pobres los padecimientos anunciados para Cristo y sus seguidores: *«Todo cuanto anuncian las Escrituras sobre los sufrimientos de Cristo, todo cuanto el propio Cristo anuncia sobre los sufrimientos que habrán de padecer los que le sigan, es bien fácil de comprender: son realidades que se pueden palpar, que nos toca vivir a nosotros mismos. A toda madre, sobre todo si es pobre, se le pueden repetir las palabras de Simeón. Los niños son su riqueza. Por eso es por lo que no acepto ningún tipo de contracepción planificada y manipulada por quienes no quieren que el pueblo pobre se multiplique. Pero los niños son también su sufrimiento. Cuando una madre ni siquiera tiene leche, porque está subalimentada, cuando ya no puede forzar su pecho para que dé la leche que no tiene, cuando el hambre se hace crónica durante tres o cuatro años, entonces el niño queda dañado para toda su vida».*

Roger Bourgeon le preguntó sobre los «pesebres vivientes» y la tradición franciscana de los nacimientos: *«Usted, que puede ver por todas partes esos pesebres vivientes, ¿está de acuerdo con la tradición de los "nacimientos" que, de alguna manera, inventó San Francisco de Asís cuando quiso que las gentes de las aldeas se reunieran para evocar los gestos y actitudes de los pastores alrededor del niño de Belén?»* Y Dom Hélder contesta:

—*«Entre nosotros, los pobres, gusta la dramatización. No se trata de espectáculos. No se trata de teatro. Es algo así como lo que hacen los niños... Por eso, cuando entre nosotros la gente vive escenas del Evangelio, para ella no se trata de teatro. Viven verdaderamente esas escenas. El Evangelio es algo vivo. Cuando Cristo cura a los ciegos, a los sordos, a los mudos o a los paralíticos, cuando resucita a un niño o a un amigo, cuando habla con la samaritana, es algo muy cercano. Lo mismo ocurre con el pesebre. En lugar de hacer un hermoso pesebre artificial, se hace una cuna como las que hacen los pobres, con una vieja caja o un viejo bidón, y se la coloca en medio de los cerdos. A veces hay madres que tienen que trabajar y que, cuando regresan a su casa, descubren que su bebé ha sido devorado por los cerdos. Evidentemente, hacen todo lo posible por tener un rinconcito bien protegido, pero siempre hay accidentes. Es terrible. He ahí como se descubre lo que significó para Cristo nacer entre animales. Todavía hay niños que nacen en el lodo y entre cerdos... Ya sé que hoy día, aunque realmente haya familias para las que el festejar la Navidad significa gastar mucho dinero, olvidándose prácticamente de Cristo y de los pobres, también son cada vez más numerosos los que, con ocasión de la Navidad, sienten cómo se despierta su conciencia».*

Misioneros que están con el pueblo

Para Dom Hélder Cámara, la figura del misionero no se mide por la grandiosidad de sus obras ni por la imposición de soluciones externas, sino por la humildad de su presencia compartida. En un mundo tentado por el protagonismo institucional, él celebra con alegría a los nuevos misioneros —sacerdotes, religiosas y laicos— que han sido tocados por el Espíritu Santo y han descubierto la esencia del Evangelio: no construir monumentos, sino encarnarse en la vida del pueblo: *«Me siento feliz cuando conozco entre nosotros a los nuevos misioneros (sacerdotes, religiosas y laicos) que, iluminados por el Espíritu Santo, han comprendido que la gran tarea no consiste en construir preciosas iglesias, grandes colegios y magníficos hospitales, ni en aportar soluciones, ni siquiera en trabajar por el pueblo, sino en estar con el pueblo. Y ahí están, viviendo con los pobres. Si hay que ir lejos para buscar el agua y regresar con un bidón sobre la cabeza, los sacerdotes y las religiosas también lo hacen».*

Este «estar con» no es un gesto romántico, sino una opción radical de despojo. El misionero auténtico no llega como salvador, sino como hermano. No impone, comparte. No dirige desde arriba, camina al lado. El bidón sobre la cabeza, el barro en los pies, el hambre compartida: estos son los nuevos altares donde se celebra la Eucaristía viva del Evangelio.

Dom Hélder va más allá: el misionero no lleva a Dios, lo encuentra ya presente. El Señor no espera la llegada de los enviados para habitar entre los pobres; ya está allí, sembrado en sus luchas, sus sabidurías ocultas, sus lecturas profundas de la vida: *«Hoy día, los misioneros saben que, antes de que ellos llegaran, ya estaba allí el Señor. El Espíritu de Dios ya había esparcido la semilla de la verdad. He hecho muchas veces la siguiente experiencia: Leo una página del Evangelio ante gente cultivada y ante gente del pueblo que ni siquiera sabe leer ni escribir. Cuando les pido que hagan sus comentarios, le aseguro a usted que los comentarios más expresivos, más vivos y más profundos suelen proceder de esos hombres y mujeres que no saben leer ni escribir. Entonces comprendo las palabras de Cristo: "Te doy gracias, Padre, por haber revelado estas cosas a los pequeños y haberlas ocultado a los poderosos y a los sabios"...»*

En esta inversión evangélica, el misionero se convierte en discípulo de los pobres. No es el maestro que enseña, sino el aprendiz que escucha. La teología no nace en seminarios lujosos, sino en las chozas, en las colas del agua, en las asambleas de base. Los «pequeños» —los sin voz, los sin letras— son los verdaderos exegetas del Reino. Su comentario no es académico, es existencial: han vivido el Evangelio antes de leerlo. Así, para Dom Hélder, el misionero ideal no es el constructor de instituciones, sino el testigo de la presencia previa de Dios en el pueblo. No es el que trae respuestas, sino el que se deja interpelar por las preguntas de los pobres. No es el que trabaja por ellos, sino el que vive con ellos, hasta que la frontera entre «misionero» y «pueblo» se disuelva en la comunión fraterna.

Esta es la misión que él soñó: una Iglesia en sandalias rotas, con el bidón en la cabeza y el Evangelio en el corazón de los humildes. Su esperanza son esas pequeñas comunidades que se unen entre sí para defender los derechos humanos, que son apoyadas fraternalmente por otros grupos de los países enriquecidos y que, ayudadas por el Espíritu de Dios, están dedicadas a crear un mundo más justo, más humano y respirable.

El hambre «*no es causa de la explosión demográfica, sino la explosión del egoísmo*».

Comentando el párrafo del evangelio Mateo 2:16, sobre la matanza de los Inocentes, Dom Hélder denuncia su continuidad moderna: no por espadas, sino por egoísmo y estructuras injustas. Cuando se le pregunta: «*¿no tiene usted la impresión de que la matanza de los Inocentes también sigue produciéndose hoy?*», contesta: «*Por supuesto. Y le diré cómo veo yo hoy la matanza de los Inocentes. Ya sé que no tengo derecho a juzgar. No sé quiénes son realmente los responsables directos. Pero sí siento que los países ricos, en lugar de tener el valor de afrontar los profundos cambios exigidos, por ejemplo, en la política comercial internacional, descubren que les resulta más fácil distribuir píldoras por todo el mundo, sobre todo entre los pobres. Y hacen creer que, si no hay desarrollo en los países subdesarrollados, es porque los pobres no comprenden la necesidad de controlar los nacimientos*».

Dom Hélder Cámara afirma que el mundo tiene recursos suficientes; lo que causa la pobreza no son los pobres ni los nacimientos, sino la injusticia, el egoísmo estructural y un sistema económico que prioriza el lucro sobre el ser humano. Su mirada es a la vez profética y esperanzada. Si la humanidad revisa profundamente sus estructuras injustas y controla el egoísmo, se revelará la verdad de la creación y la vocación fraterna de todos los pueblos: «*En lugar de revisar en profundidad las relaciones entre países industrializados y países pobres, productores de materias primas, es muchísimo más cómodo difundir la idea de que los pobres controlen el nacimiento de sus hijos. ¡Y no es así! La causa del subdesarrollo no es la explosión demográfica, sino la explosión del egoísmo. El día en que se llegue al control del egoísmo, a una revisión en profundidad de las estructuras de injusticia, ¡ese día se verá que Dios no se equivocó en su Creación!*».

En una época capaz de conquistas científicas y tecnológicas extraordinarias, el ser humano continúa prisionero de sus egoísmos, incapaz de transformar el progreso material en justicia solidaria. Esta contradicción, afirma Dom Hélder, perpetúa una «matanza de los inocentes» moderna: víctimas del sistema económico y de estructuras sociales que priorizan privilegios sobre vidas humanas: *«Hay tierras suficientes para todos; hay alimentos suficientes para todos. Pero, mientras se ponga el lucro por encima del hombre, abocaremos, una y otra vez, a este absurdo de la superproducción en unos lugares y la desnutrición en otros. En el siglo de los ordenadores y de los viajes espaciales, resulta increíble que el hombre, que mediante su inteligencia pone de manifiesto su participación real en el poder creador de Dios, siga siendo un simio por propia voluntad. ¡Incapaz de superar sus egoísmos! He ahí por qué prosigue hoy la matanza de los Inocentes».*

El obispo de los pobres y descartados, presentó en la X reunión extraordinaria del CELAM celebrada en Mar de la Plata, Argentina, en 1966, un documento que también fue enviado a numerosos obispos del Tercer Mundo[13]. Entre las muchas reflexiones que hace destacamos: *«Si Marx hubiese visto una Iglesia encarnada, cristianos que amasen, no habría visto en la religión el opio del pueblo»,* y denuncia el control de la natalidad como sinónimo de desarrollo. Es decir, la hipocresía de querer acabar con la pobreza, impidiendo el nacimiento de los pobres. El obispo de los sin voz dirá: *«Países desarrollados se van apegando a este subterfugio: no adelanta la ayuda para el desarrollo sin previa y decisiva regulación de la natalidad. En masa, en escala nacional y hasta mundial; conducida técnicamente y sin indagación del precio... Es necesario estudiar profundamente el problema de la paternidad*

---

[13]Documento recogido en el libro de la Editorial ZYX *La Iglesia en desarrollo de América Latina.* Se trata de la continuación del trabajo que Monseñor Cámara realizó durante el II Concilio Vaticano, enviando estudios de este género a los Obispos de todo el mundo. Gran parte de sus sugerencias están hoy concretadas en la *Gaudium et Spes,* que establece la línea de relaciones entre la Iglesia y el mundo moderno.

responsable. Pero ningún país extranjero tiene el derecho de imponer como condición para dar su ayuda la adopción de la planificación de la natalidad en forma masiva. Condicionar la ayuda en los sectores de la salud y de la educación a la adopción de una planificación masiva de la natalidad es execrable, pues somete a las poblaciones pobres a una presión irresistible: la de matar el hambre de pan y de cultura a trueque de la reducción de la prole».

Estas palabras tienen plena actualidad en nuestro mundo. Nos recuerda la reflexión que hacía el Premio Nobel de la paz, Adolfo Pérez Esquivel cuando denunciaba que *«una cosa es la paternidad responsable, que nace de un profundo respeto a la vida, otra cosa son los planes que, en nombre del problema demográfico, son utilizados para la esterilización. Así, bajo el pretexto de reducir los nacimientos se lleva al genocidio a muchos pueblos pobres».*

En esta misma línea, el papa Francisco en su encíclica *Laudato si* denuncia el imperialismo demográfico con estas palabras: «*En lugar de resolver los problemas de los pobres y de pensar en un mundo diferente, algunos atinan sólo a proponer una reducción de la natalidad. No faltan presiones internacionales a los países en desarrollo, condicio-nando ayudas económicas a ciertas políticas de "salud reproductiva"»* (n. 50).

En definitiva, estas palabras nos invitan a la conversión y remiten directamente a Jesús de Nazaret: *«En verdad, os digo: en cuanto lo hicisteis a uno solo, el más pequeño de estos mis hermanos, a Mí lo hicisteis»* (Mt 25, 35-40); *«Tuve hambre, y no me disteis de comer»* (Mt 25,41); *«Pero, ¡ay de vosotros, los ricos, porque ya habéis recibido vuestro consuelo! ¡Ay de vosotros, los que estáis saciados!, porque tendréis hambre! ¡Ay de los que ahora reís, porque haréis duelo y lloraréis! ¡Ay si todo el mundo habla bien de vosotros! Eso es lo que vuestros padres hacían con los falsos profetas»* (Lc 6, 24-26).

Oración y acción: La historia de los dos carreteros

Dom Hélder ilustra *en Revolución dentro de la Paz* cómo la oración debe unirse al esfuerzo humano con la anécdota de dos carreteros atascados en el barro: *«Venían ambos con las carretas cargadas. Los caminos estaban fangosos y los dos carros se atascaron. Uno de los carreteros era devoto y cayó de rodillas allí mismo en el barro y empezó a implorar a Dios para que los ayudara. Rezó, rezó, rezó sin parar, contemplando el cielo. Mientras tanto, el otro blasfemaba, furioso, pero trabajaba. Buscó palos, hojas, tierra. Castigaba al burro. Empujaba el carro, Insultaba. En eso se produce el milagro: bajó un ángel desde lo alto. Pero para sorpresa del carretero impío, en vez de ayudar a su amigo creyente, se dirigió a él. Este, confuso, exclamó: "Disculpe, debe estar equivocado. Con seguridad la ayuda es para el otro". Pero el ángel dijo: "Es para usted justamente. Dios ayuda al que trabaja". Desde luego que no voy a sacar en conclusión que esté bien insultar y que no esté equivocado blasfemar. Pero no entiende el cristianismo quien todo lo espera de Dios, y no se esfuerza, limitándose a rezar y hacer promesas».*

Uno reza pasivamente; el otro trabaja furioso. Un ángel ayuda al segundo: Dios ayuda al que trabaja... Para Dom Hélder Dios no entiende el cristianismo quien todo lo espera de Dios, y no se esfuerza.... Esta parábola resume su contemplación: una oración que impulsa la acción transformadora, convirtiendo el desierto en fértil jardín de justicia.

Dilexi te de Leon XIV y Dom Hélder Cámara: una profecía compartida de amor y opción por los Pobres.

León XIV como religioso y trabajando como misionero en el Perú, en sintonía con la Iglesia latinoamericana, ciertamente conoció y admiró a los grandes pastores de este continente: San Oscar Romero, Hélder Cámara, Proaño, Larraín y tantos otros. La reciente exhortación *Dilexi te* de León XIV y el pensamiento de Dom Hélder Cámara coinciden profundamente en varios ejes centrales. Ambos colocan la opción por los pobres en el centro del Evangelio y de la misión de la Iglesia. Para ambos, el amor a los pobres no es accesorio sino esencial, fundamento de la fe y la vida cristiana: en los pobres está el rostro de Cristo y, por tanto, la llamada a una fe vivida en servicio, justicia y solidaridad.

En *Dilexi te*: Cristo se identifica con los pequeños y sufrientes (n. 2), naciendo pobre en un pesebre (n. 19). Los pobres son «carne de Cristo» (n. 110), y el contacto con ellos es encuentro con el Señor (n. 5). Invita a ver en el pobre tendido en la calle un «ser humano con mi misma dignidad» (n. 106).

El clamor de los pobres como voz de Dios y Llamado a la Acción está muy presente en *Dilexi te*: El documento cita el Éxodo (3,7-8.10) para describir cómo Dios escucha el «grito de los pobres» y desciende para liberarlos, llamando a la Iglesia a identificarse con este corazón divino (n. 8). Critica la indiferencia como un pecado que aleja de Dios (n. 8) y enfatiza que el grito de los pobres interpela la vida, las sociedades y la Iglesia (n. 9). Esto genera una «renovación extraordinaria» en la Iglesia y la sociedad al escuchar su clamor (n. 7).

También en *Dilexi te* se habla de opción preferencial por los pobres como esencia de la fe cristiana. Se habla de una «opción preferencial de Dios por los pobres» (n. 16), no como exclusivismo, sino como compasión por la debilidad humana, inaugurando un Reino de justicia (n. 16). Jesús se hace pobre para enriquecernos (2 Co 8,9; n. 18), y la Iglesia debe ser «pobre y para los pobres» (n. 35), configurándose con los últimos (n. 36). Esto incluye promoción integral, no solo beneficencia (n. 23).

León XIV insiste en la denuncia de las desigualdades y las estructuras de pecado que generan pobreza: la economía y la política deben pasar de la lógica del descarte a una «economía del amor y del cuidado», lo que Dom Hélder formulaba como la urgencia de transformar las causas que hacen a los pobres y no contentarse solo con la caridad asistencial. Se repite, así, el mensaje profético del obispo brasileño: «*cuando doy pan, me llaman santo, cuando pregunto por qué los pobres no tienen pan, me llaman comunista*».

En *Dilexi te* hay una fuerte crítica a las injusticias estructurales y el egoísmo global: Denuncia las «estructuras de pecado» (n. 93) que causan pobreza, como la cultura del descarte (n. 11), élites enriquecidas (n. 11), y una economía que mata (n. 92). Critica la «explosión del egoísmo» (n. 95) y el «imperialismo demográfico» implícito en presiones para reducir la natalidad en países pobres (citando *Laudato Si'*, n. 50; n. 95). Exige resolver causas estructurales, no solo asistencialismo (n. 94), y denuncia la meritocracia falsa que culpa a los pobres (n. 14).

Asimismo, se nos habla de oración y acción unidas contra la indiferencia y a favor de la Justicia: La limosna es un gesto necesario de encuentro, no opcional (n. 115-119), unido al trabajo por justicia (n. 116). Critica la fe sin obras (Santiago 2:14-17; n. 29) y llama a ser voz de los sin voz (n. 97), como el buen samaritano (n. 105-107).

Otra gran coincidencia es la centralidad de la Iglesia pobre y para los pobres: una Iglesia sencilla, solidaria, cercana al pueblo, creíble por su testimonio y más preocupada de servir y acompañar que de retener privilegios. Finalmente, ambos subrayan que los pobres son sujetos, no objetos de compasión; protagonistas de su propia historia de liberación y esperanza. Los pobres como sujetos activos y evangelizadores, no objetos de beneficencia: Los pobres son «sujetos» capaces de crear cultura, no objetos de beneficencia (n. 100). Tienen una «misteriosa sabiduría» que Dios comunica (n. 102), y la Iglesia debe dejarse evangelizar por ellos (n. 102).

Cita *Aparecida*[14]: cercanía para apreciar sus valores y modo de vivir la fe (n. 100), defendiendo sus derechos desde su experiencia (n. 100).

En suma, *Dilexi te* retoma y actualiza la profecía de Dom Hélder: la fe auténtica pasa por el amor concreto a los últimos, por la lucha por la justicia y por una Iglesia humilde, que pone su confianza en los pobres y camina a su lado.

Estas similitudes muestran cómo *Dilexi te* de León XIV recoge el legado profético de Dom Hélder, quien influyó en el magisterio postconciliar (Medellín en el año 1968, Puebla en 1979) citado en este documento cuando habla de «*Estructuras de pecado que causan pobreza y desigualdades extremas*» (n. 90): «*En Medellín, los obispos se pronunciaron en favor de la opción preferencial por los pobres: "Cristo nuestro Salvador, no sólo amó a los pobres, sino que 'siendo rico se hizo pobre', vivió en la pobreza, centró su misión en el anuncio a los pobres de su liberación y fundó su Iglesia como signo de esa pobreza entre los hombres. [...] La pobreza de tantos hermanos clama justicia, solidaridad, testimonio, compromiso, esfuerzo y superación para el cumplimiento pleno de la misión salvífica encomendada por Cristo". Los obispos afirmaron con fuerza que la Iglesia, para ser plenamente fiel a su vocación, no sólo debe compartir la condición de los pobres, sino también ponerse de su lado, comprometiéndose diligentemente en su promoción integral. La Conferencia de Puebla, ante el agravamiento de la pobreza en América Latina, confirmó la decisión de Medellín con una opción franca y profética en favor de los pobres, y calificó las estructuras de injusticia como "pecado social"*».

Dom Hélder no es mencionado explícitamente, pero su espíritu impregna la exhortación: una Iglesia profética, encarnada en los pobres, que denuncia estructuras de pecado y ve en ellos la voz de Dios. Esto refuerza su rol como

---

[14]Conferencia de Aparecida, como se conoce a la V Conferencia General del Episcopado de Latinoamérica y del Caribe, celebrada en la ciudad brasileña de Aparecida en 2007 e inaugurada por Benedicto XVI.

precursor de la teología de los pobres, invitando a una conversión radical que el Papa León XIV propone como camino de santificación.

ALGUNAS DE LAS ORACIONES Y MEDITACIONES DE DOM HÉLDER

Ven, Señor

No sonrías diciendo
que ya estás entre nosotros.
Son millones los que no te conocen.
¿Y de qué sirve el conocerte?
¿Para qué tu venida, si para los tuyos
la vida prosigue como si tal cosa...?
Conviértenos.
Sacúdenos.
Que tu mensaje
se haga carne de nuestra carne, sangre de nuestra sangre, razón de ser de nuestra vida.
Que nos arranque de la tranquilidad de la buena conciencia.
Que sea exigente, incómodo,
porque no es otro el precio que pagar,
para que nos traiga la paz profunda, la paz diferente, tu paz...

Líbrame de instalarme

Arráncame, Señor,
de los falsos centros.
Sobre todo, líbrame de instalar en mí mismo
 mi propio centro...
¿Cómo no comprender
de una vez para siempre;
que fuera de ti

todo y todos
somos excéntricos?

Abandonar la iglesia
¿Crees, entonces,
que las debilidades de la iglesia
llevarán a Cristo
a abandonarla?
Cuanto más alcance
nuestra fragilidad humana
a la iglesia,
—que es nuestra y de él —,
más la sostendrá él con su apoyo
y con su ternura.
Abandonar la iglesia
sería lo mismo
que abandonar su propio cuerpo.

Hijo de rey
Señor,
¿no hay mucho despilfarro en la creación?
Los frutos no compensan
la profusión de las semillas.
Las fuentes desparraman
cantidades de agua.
El sol expande
diluvios de luz.
Que tu magnanimidad
me enseñe la grandeza de alma.
Que tu magnificencia
no me deje ser mezquino.
Que viéndote pródigo,
las manos siempre abiertas,
generoso y bueno,

dé sin cuento,
sin medida,
como un hijo de rey,
como un hijo de Dios

Sed insaciada
Bendito seas, Padre,
por la sed que despiertas en nosotros;
por los planes audaces
que nos inspiras;
por la llama,
que eres tú mismo,
chisporroteando en nosotros.
¡Qué importa
que la sed continúe insaciada
(malditos los hartos)!
¡Qué importa que los planes
continúen más bien en el mundo de los sueños
y no en el de la realidad!
¿Quién va a saber mejor que tú
que el éxito
no depende de nosotros
y que tú no nos pides
más que el cien por cien de abandono
y buena voluntad?

**Y roguemos juntos
a Nuestra Señora del Magníficat:**
¡Oh, Señora Nuestra! Enséñanos
a escuchar la palabra del Señor
con perfecta disponibilidad,
en toda circunstancia,
y a cantar contigo
el Magníficat que exalta a los pobres,

sin ninguna amargura,
con tal plenitud de amor,
que si su canto hiere a alguno,
solo provoque una herida bienhechora,
que por sí misma ya es curación.

CAPÍTULO 4

PROFETA DE LA NOVIOLENCIA

*«Sólo hombres que realizan en
sí la unidad interior,
Sólo hombres de visión
planetaria y de corazón
universal serán instrumentos
útiles para el milagro
de ser violentos como los
profetas,
auténticos como el Cristo,
revolucionarios como el
evangelio,
más sin dañar el amor»*

*«Personalmente prefiero ser mil
veces muerto a matar»*

Dom Hélder Cámara

Una mañana de 1968, al abrir la puerta de su humilde casa en Recife, Dom Hélder Cámara se encontró cara a cara con un sicario enviado para matarlo. El hombre, arma en mano, anunció con voz temblorosa: «He venido a asesinarte, Dom Hélder». El arzobispo, sereno como un Gandhi con sotana, respondió sin un ápice de miedo: «Entonces me enviarás directamente al Señor». El asesino, un pobre diablo reclutado entre los marginados que Hélder defendía, bajó el revólver. Las lágrimas le brotaron como un río. Se arrodilló y sollozó: «No puedo matarte... tú perteneces a Dios». Aquel verdugo pidió perdón y se convirtió en testigo vivo de que la noviolencia desarma al odio. Esta anécdota subraya su compromiso con la paz activa y su capacidad para transformar el odio en reconciliación.

El arzobispo Dom Hélder Cámara, luchador de los pobres, amigo personal de Pablo VI, fue hombre infatigable en predicar la noviolencia —*«la violencia engendra la violencia, el odio engendra el odio»*— y en atacar sin demora la injusticia social. Seguir el ejemplo de su maestro Cristo y el testimonio de Gandhi y su amigo Luther King, le acarreó los más duros ataques, e incluso la violencia física, por parte de los grupos reaccionarios.

En sus viajes a Estados Unidos se encontraba con otros amigos y hermanos de lucha noviolenta como César Chávez y el sindicato de Trabajadores del Campo (UFW); Dorothy Day y el Movimiento del Trabajador Católico... Con King se carteaba y se abrazaba; la última vez fue en mayo de 1967. Hélder dejó escrito: *«Mis faros son Juan XXIII y Pablo VI. Admiro al gran Martin Luther King. Yo he elegido la línea de la libertad de los no-violentos. Mi vocación personal es la de peregrino de la paz, siguiendo el ejemplo de Pablo VI; prefiero ser mil veces muerto a matar»*[15]. Y añadía, con la claridad: *«Esta posición personal se basa en el evangelio. Toda una vida de esfuerzo para comprender y vivir el evangelio me lleva a la convicción profunda de que si el evangelio puede y debe ser llamado revolucionario es en el sentido de que él exige una conversión de cada uno de nosotros. No tenemos el derecho de cerrarnos*

---

[15]Cámara, H. (1968, 1 de mayo). Entrevista: Pèlerin de la paix. Informations Catholiques Internationales, (313), 112–114. Esta entrevista fue dada pocos meses después del asesinato de Martin Luther King (4 de abril de 1968), lo que explica la carga emocional y la referencia directa a él como «el gran Martin Luther King». Dom Hélder la pronunció en un momento de profundo dolor y compromiso público con la noviolencia.

en el egoísmo; debemos abrirnos al amor de Dios y al amor de los hombres. Basta pensar en las bienaventuranzas —quintaesencia del mensaje evangélico— para descubrir que el camino a seguir para los cristianos aparece claro: nosotros estamos del lado de la noviolencia, que de ningún modo es postura de flaqueza y de pasividad. Noviolencia es creer más en la fuerza de la verdad, de la justicia y del amor, que en la fuerza de la mentira, de la injusticia y del odio».

Leyendo a Gandhi, a quien gusta referirse constantemente, sufrió un profundo impacto. Gandhi lo expresaba con claridad: *«Con la noviolencia no pretendemos destruir a los capitalistas, sino al capitalismo. La noviolencia es la ley de los hombres, la violencia es la ley de los animales».* La noviolencia (traducción no conseguida del *Satyagraha*) es la fuerza de la verdad, que se va a imponer por sí misma, más pronto o más tarde, sobre la mentira reinante. El no-violento es un hombre seriamente comprometido consigo mismo y con la humanidad, que cree preferible perder la propia vida en la denuncia de las injusticias existentes antes que asesinar al opresor.

La noviolencia evangélica, fuerza de liberación

El 2 de diciembre de 1977 se reunieron cerca de 21 obispos de Iberoamérica en compañía de algunos sacerdotes y laicos invitados por Pax Christi, el Secretariado Latinoamericano de Cáritas, el Servicio Paz y Justicia (SERPAJ) de Adolfo Pérez Esquivel y por el Movimiento Internacional de Reconciliación (MIR) de Jean Goss e Hildergard Goss-Mayr[16]. El tema de estudio era la situación

---

[16] Durante más de 52 años, Hildegard Goss-Mayr junto a su marido Jean Goss ha enseñado la lucha no-violenta contra la injusticia y la represión. En 1986 su organización influyó en el proceso de la revolución noviolenta popular de Filipinas, en los movimientos de

de violencia y respuesta cristiana de la noviolencia como fuerza social, inspirada en el Evangelio, y liberadora del hombre. Querían expresar también su comunión profunda con el Papa Pablo VI, que había elegido tema para la Jornada de la Paz: «No a la violencia, sí a la paz». Fruto de este encuentro fue un documento titulado «La noviolencia evangélica, Fuerza de Liberación»[17] muy poco conocido y que es sin duda uno de los más importantes documentos escritos sobre el tema.

Liberación en Iberoamérica y la superación de la tiranía en Madagascar. Este matrimonio es un testimonio importante de la noviolencia evangélica en todo el mundo. En 1962, comenzó a promover la construcción de un movimiento no-violento en Iberoamérica. En sus cursos animaron a personas como Dom Hélder Cámara, Fredy Kunz, Leónidas Proaño, Antonio Fragoso, Adolfo Pérez Esquivel... en la lucha por la justicia desde la noviolencia.

[17]Puedes leer el documento íntegro en este enlace: https://static.nuso.org/media/articles/downloads/437_1.pdf He aquí los 21 obispos: Mons. Jorge Manrique, La Paz; Jesús López de Lama, Bolivia; José Maria Pires, Peraiba-Brasil; Angélico Sandalo, Sao Paulo-Brasil; Antonio Fragoso, Crateus-Brasil; Lelis Lara, Itariba-Brasil; Tiago Posma, Garanhuns-Brasil; José Rodríguez Souza, Juazeiro-Brasil; Enrique Alvera, Chile; Fernando Aritzia, Copiapó-Chile ; Carlos Camus, Linares-Chile; Alejandro Jiménez, Talcares-Chile; Jorge Hourton, Santiago de Chile; Leónidas Proano, Riobamba-Ecuador; Pedro Aparicio, San Vicente-El Salvador; Arturo Ribera Damas, Santiago de Maria- El Salvador; Miguel Obando Bravo, Managua Nicaragua; Albano Quinn, Sicuani-Perú; Luis Bambaren, Lima-Perú; Jesús Mateo Calderón, Puno-Perú. A petición del Cardenal Aloisio Lorscheiner, presidente del CELAM, fue elaborado el documento final y dirigido a las comunidades cristianas de América Latina, y constituye una contribución a la preparación de la III Asamblea general del Episcopado Latino-Americano de Puebla, Méjico (febrero de 1979).

En el documento se hace referencia a Monseñor Hélder Cámara como pionero continental y se enumeran otras importantes experiencias de lucha no-violenta. En ese documento late ya, con nombre propio, la teología de la noviolencia activa que Hélder vivió hasta el último aliento: no pasividad, no resignación, sino fuerza espiritual que desarma al opresor y libera al oprimido. Un texto olvidado, pero vivo: «*La noviolencia se nos presentó en este encuentro como una gran oportunidad ofrecida hoy a los cristianos y demás hombres y mujeres de buena voluntad para actuar en favor de una sociedad, cuya meta sea la superación de las dominaciones de todo tipo. La acción no-violenta es un espíritu y un método. Existen ejemplos de su eficacia en diversas situaciones de injusticia: Gandhi fue apóstol de la noviolencia en África del Sur y en la India, luchando por la liberación colonial, por la justicia social y política. Martin Luther King es mártir de la noviolencia defendiendo a los negros discriminados por prejuicios raciales. Danilo Dolci luchó por la liberación de las poblaciones marginadas frente al terror implantado por la mafia siciliana. César Chávez organiza a chicanos explotados en las viñas de California y lucha con ellos con métodos de noviolencia. La noviolencia fue empleada también en Checoslovaquia ante la invasión rusa. Tal vez estos ejemplos nos parezcan demasiado lejanos o inadaptados a la realidad de América Latina. Sin embargo, crecen también entre nosotros los convencidos por la causa de la noviolencia. Dom Hélder Cámara ha sido uno de los pioneros de esta acción en nuestro continente. Pero no está solo. Reconocemos con alegría que ya existen en medio del pueblo, sobre todo de los pobres y oprimidos, de sus líderes y agentes de pastoral, ejemplos animadores de acción evangélica noviolenta contra la injusticia y la opresión. América Latina cuenta ya con listas de mártires y confesores de la noviolencia. Pero debemos reconocer también que los cristianos no hemos denunciado siempre la violencia y la injusticia; en nuestra debilidad y pecado hemos llegado a veces dar anti-signos por asumir actitudes de connivencia con aquellos que oprimen a los pobres y causan las injusticias».*

Años después, Dom Hélder resumiría así la esencia de aquella intuición colectiva: *«Quien es interpelado por las injusticias generadas por la mala distribución de la riqueza, si tiene grandeza de alma, captará las protestas silenciosas y no violentas de los pobres. La protesta de los pobres es la voz de Dios».*

Su entrañable amigo, Martin Luther King, asesinado

El 4 de abril de 1968, en el balcón del Lorraine Motel de Memphis, una bala segó la vida de Martin Luther King. Un disparo silenciaba la voz de Premio Nobel de la Paz y campeón incansable de la noviolencia en Estados Unidos. Dom Hélder Cámara, que lo había abrazado por última vez en Ginebra en mayo de 1966, sintió el disparo como propio. El pastor Luther King no era para él un líder lejano: era hermano, maestro, espejo. Para Dom Hélder, no era solo una noticia lejana: era la pérdida de un «entrañable amigo», con quien había compartido ideales y abrazos. La última vez que se vieron fue en Ginebra, en mayo de 1967, durante la conferencia *Pacem in Terris II*, donde ambos predicaron la paz en un mundo al borde del abismo.

Hélder hablaba de Luther King con la reverencia de quien reconoce a un hermano en la lucha: *«La noviolencia —había dicho mil veces este santo negro— no es una pasividad estéril, sino una poderosa fuerza moral que tiende a la transformación social. Más tarde o más temprano todos los pueblos de la tierra habrán de descubrir la forma de vivir en paz juntos... Si esto ha de lograrse, el hombre tendrá que hallar para todo conflicto humano un método que rechace la venganza, la agresión y las represalias. El fundamento de un método tal es el amor. Ha llegado el momento en que la violencia hacia un ser humano se ha vuelto tan abominable como comerse la carne de otro. La noviolencia, respuesta a las necesidades de los negros, puede llegar a ser la respuesta a las necesidades más desesperadas de toda la humanidad».*

Luther King, el defensor de los derechos de los negros, había caído mártir. Dom Hélder no dudó, recogió la antorcha de la noviolencia activa y la llevó por el mundo. Berlín, Estrasburgo, Estados Unidos, Roma, París... tendrán ocasión de escuchar el grito enérgico de un pacífico.

En cada podio, su grito pacífico resonaba como un eco de su amigo asesinado. El año 1968 consagra a Dom Hélder como personaje mundial, un reclamo para los oprimidos: *«Si queremos pasar la página y poner en movimiento un nuevo hombre —dijo Luther King—, debemos hacer que la humanidad se aparte del camino de la larga y desolada noche de la violencia... porque la violencia no puede ser nunca una respuesta. El último defecto de la violencia es que describe una espiral descendente que destruye todo lo que engendra. En vez de disminuir el mal, lo aumenta; con la violencia, usted puede matar al odioso, pero no puede aniquilar el odio. De hecho, la violencia aumenta el odio. Este es su camino. Si se devuelve violencia por violencia, ésta va en aumento... El odio nunca ha conducido más allá del odio; sólo el amor puede hacerlo».*

El 16 de abril de 1968 en una conferencia en Berlín recordaba a su amigo mártir Luther King: *«Y éste es el momento exacto de inclinarnos ante la memoria del Pastor Martin Luther King, que venía a participar de nuestro panel y cayó asesinado. Sabemos que él libraba en Estados Unidos la batalla no violenta emprendida por los negros para obtener la integración racial. Es la página más bella, más democrática y más cristiana de la historia contemporánea de Estados Unidos. Desgraciadamente, el egoísmo de los blancos viene forzando a los negros a pasar a la violencia, y es de temer que el holocausto de King que cayó como Ghandi, como Kennedy y como el propio Cristo encienda todavía más el odio entre blancos y negros, odio de consecuencias imprevisibles».*

El obispo de los sin voz, sería distinguido con el premio Martin Luther King por su contribución a la Paz.

Ojo por ojo. Una ceguera fratricida

Reflexionando sobre todo esto, acude a mi memoria la frase de Gandhi: «Ojo por ojo y el mundo acabará ciego». Martin Luther King, en su libro *La fuerza de amar*, la elevó a meditación evangélica: *«Desde lo alto de la cruz, Jesús ha proclamado solemnemente una ley más alta. Sabía que la vieja filosofía del ojo por ojo dejaría ciego a todo el mundo. No intenta vencer el mal con el mal. Vence el mal con el bien. Crucificado por el odio, responde con el amor. ¡Qué magnífica lección! Podrán nacer y desaparecer las generaciones, y los hombres continuarán adorando al dios de la venganza e inclinándose ante el altar del desquite, pero siempre oímos un grito lacerante de esta noble lección del Calvario. Solamente la bondad puede extirpar el mal. Solamente el amor puede vencer al odio».* Y añade, con la mirada puesta en los verdugos: *«La plegaria de Jesús en la cruz nos da una segunda lección. Es una manifestación de la conciencia que tiene Jesús de la ceguera intelectual y espiritual del hombre. No saben lo que hacen. Su mal era la ceguera; su necesidad, la luz. Debemos reconocer que Jesús no fue clavado en la cruz solamente por el pecado, sino también por la ceguera. Los hombres que gritaron: ¡Crucifícalo! eran menos malos que ciegos».*

Y termina Luther King repitiendo esta sentencia que atraviesa los siglos: *«La plebe escarnecedora que rodeaba el camino del Calvario estaba compuesta por hombres más ciegos que malvados. No sabían lo que hacían. ¡Qué tragedia!».*

Dom Hélder Cámara, que había recogido la antorcha de King apenas días después de su asesinato, no cesó de hablar de esa misma ceguera —no física, sino del corazón— que ciega a los poderosos y silencia la voz de los pobres. En París, en 1968, dijo esta frase recogida en su libro *Espiral de violencia:* *«Hay una ceguera que es peor que la física: la ceguera del corazón que no ve al hermano en el pobre, al Cristo en el hambriento».* Y en la ONU, en 1972, ante los líderes del mundo: *«Los que tienen el poder económico, político y militar padecen una ceguera trágica: creen que la seguridad está en las armas, cuando la verdadera seguridad nace de la justicia compartida».*

Mucho tiempo antes, Helen Keller (1880-1968), ciega y sorda desde los 19 meses, convirtió su propia ceguera física en una de las metáforas más poderosas del siglo XX sobre la ceguera del alma, del corazón y de la sociedad. Convirtió su oscuridad en luz profética. Desde su silencio, vio más claro que muchos: *«Lo peor de estar ciego no es la oscuridad. Lo peor es tener ojos y no ver».* Y en una carta a un niño en 1938 escribía: *«La gente que odia está más ciega que yo. Porque yo, aunque no vea la luz del sol, veo la luz del amor en los corazones».* En una conferencia en Japón en 1937 pronunció estas palabras sobre la ceguera social: *«Es maravilloso cómo la gente puede ver con los ojos y, sin embargo, estar ciega ante la miseria humana».*

Esta mujer cristiana, socialista, sufragista, pacifista y defensora de los derechos de los discapacitados no solo habló de su ceguera; la usó como espejo para denunciar la ceguera colectiva ante la pobreza, la guerra, el racismo y la opresión. Su vida entera fue un *Satyagraha* (fuerza de la verdad) en acción.

Esa misma ceguera fratricida fue denunciada por Juan Pablo II, el papa obrero, con palabras que aún abrasan las conciencias: *«Se ha programado de manera científica y sistemática una guerra de los poderosos contra los débiles».* Y juzgará de fratricida la situación del mundo: *«¿Cómo juzgará la Historia a una generación que cuenta con todos los medios necesarios para alimentar la población del planeta y rechaza hacerlo por una ceguera fratricida?».*

Dom Hélder, desde las favelas de Recife, cerraba el círculo con una síntesis que resume toda su vida: *«La ceguera no es falta de ojos, sino falta de amor. El que ama, ve. El que no ama, aunque tenga ojos, está ciego».* Ojo por ojo: no solo ciega al otro, ciega al mundo entero. El Evangelio, en cambio, propone la luz que abre los ojos: el amor que ve al hermano incluso en el enemigo.

El destino universal de los bienes

El Papa Juan Pablo II —tan difamado en vida y mártir viviente como Dom Hélder Cámara— defendía con firmeza el principio del destino universal de los bienes, tan combatido hoy por el capitalismo con su sacrosanto derecho absoluto a la propiedad, desprovisto de toda hipoteca social. En sus palabras: *«El destino universal de los bienes de la Tierra es anterior a cualquier forma de propiedad, la Tierra con todos sus bienes es como un gran banquete para los hombres y mujeres de todos los tiempos, pero es doloroso constatar que la Tierra y su banquete está en manos de una minoría»* (Juan Pablo II, Mensaje de Cuaresma de 1992).

En la misma línea, Dom Hélder exhortaba: *«Tened el coraje de reexaminar a fondo los conceptos de propiedad»*. En su nombre se perpetúan privilegios absurdos. En *Revolución dentro de la Paz*, denuncia que se ha erigido un derecho divino a la propiedad privada como dogma intocable, cuando lo verdaderamente divino es que la propiedad se extienda a todos, sin formar monopolios odiosos ni opresivos. Más aún, en una entrevista concedida a *Time* (9 de septiembre de 1974), afirmaba que salvaguardando el derecho natural a la propiedad privada, es necesario proclamar que el derecho fundamental al uso de los bienes materiales es anterior a ella. Y que urge corregir, con sabiduría y firmeza, la acumulación en manos de unos pocos.

Es absurdo hablar de paz y promover el comercio de armas

Con el realismo que lo caracterizaba, Dom Hélder interpela de nuevo sobre el uso de la violencia. El obispo, peregrino de la paz, alzará su voz contra la industria armamentista, contra los fabricantes de guerras: *«Hay una lógica infernal en la industria de las armas. El coste de armamento es tal, que no se puede fabricar para uno mismo si no se fabrica a la vez para vender a los demás. Se acude a los países pobres, a los países que no tienen siquiera lo necesario para que vivan sus pueblos. Y se anima a estos países a entrar en una minicarrera de armamentos ridícula pero espantosa. E insinúan, susurran para hacer que los países pobres compren... Se empieza por fabricar armas para defenderse, luego se sigue vendiendo armas para poder continuar fabricándolas y después se llega a fabricar guerras para poder continuar vendiendo las armas que es necesario seguir fabricando...».*

El profeta de la noviolencia lanza esta pregunta realista: *«Hoy se dan poderosos complejos que dominan la tierra a base de aliar el poder económico con el poder político, tecnocrático y militar; ¿cómo pensar entonces en vencer por las armas a los señores de este mundo cuando cuentan precisamente entre sus mejores aliados a los fabricantes de armas y a los promotores de las guerras?».*

Como un buen discípulo de Dom Hélder el papa Francisco dirá en nuestros días, que los conflictos, comienzan por pequeñas cosas y conducen, mediante *«el tráfico de armas»*, a los *«bombardeos de escuelas y hospitales»* por *«el poder»* y *«un trozo de tierra más»*. En este sentido, el Papa Francisco denuncia: *«¡En el mundo hay derramamiento de sangre! Hoy el mundo está en guerra: muchos hermanos y hermanas mueren, también inocentes, porque los grandes y los poderosos quieren un trozo más de tierra, quieren un poco más de poder y quieren un poco más de ganancia con el tráfico de armas... la sangre de Cristo es la que hace la paz, pero no esa sangre que yo hago con mi hermano, con mi hermana y que hacen los traficantes de armas o los poderosos de la tierra en las grandes guerras».* Y prosigue Francisco: *«Esta guerra de allá, esta otra de allí, ¿es de verdad una guerra por problemas o es una guerra comercial para vender estas armas en el comercio ilegal y para que se enriquezcan los mercaderes de la muerte?».* Y califica de *«absurda contradicción»* el hecho de *«hablar de paz y al mismo tiempo promover o permitir el comercio de armas».*

Pocos intelectuales se atrevieron a afirmar entonces —hace ya más de 60 años— que *«La Unión Soviética y la China roja son tan imperialistas como los Estados Unidos».* Ambos, denunciaba Dom Hélder, *«han hecho gala hasta el presente, de la misma indiferencia, por no decir del mismo egoísmo».* Y añadía *que «los EE. UU. no son ciertamente la única superpotencia capitalista. Hay muchas más, y no digamos la Comunidad Europea. Aparentemente todas ellas han superado la mentalidad colonial. Pero en realidad la han sustituido por una mentalidad neo-colonial».* Y alertaba *«de la alianza entre el poder económico, representado por las macro-empresas multinacionales, con los poderes políticos, militar y tecnológico».* Consecuencia de esta alianza *«van extendiendo sus tentáculos por todo el mundo, agravando trágicamente cada vez más el abismo que separa a los países desarrollados de los subdesarrollados, a los países de la abundancia de los países de la miseria».*

«La auténtica raíz del mal es el egoísmo»

Dom Hélder Cámara, el obispo de los pobres, siempre identificó el egoísmo como el origen primordial de las desigualdades y sufrimientos humanos. En sus reflexiones, no solo denunciaba las estructuras opresivas, sino que invitaba a una introspección profunda, reconociendo que este mal no es exclusivo de clases o naciones, sino una tentación universal. A través de sus escritos y discursos, desentrañaba cómo el egoísmo ciega a los poderosos y perpetúa ciclos de injusticia. Veamos cómo articulaba esta idea central en sus notas, que sirven como base para entender su visión profética.

«La auténtica raíz del mal es el egoísmo», afirmaba Dom Hélder con contundencia. Para él, este egoísmo no era un mero defecto personal, sino el mal por antonomasia, capaz de distorsionar la percepción de la realidad y justificar la

114

indiferencia ante el sufrimiento ajeno. En sus palabras: «*El egoísmo que es el mal por antonomasia es la raíz del mal. Es este egoísmo el que tapa los ojos a los ricos de los países pobres, hasta el punto de que sigan creyéndose tan humanos y misericordiosos, sin caer en la cuenta de las diversas situaciones infrahumanas y de las condiciones de esclavitud de las que son sin duda responsables. Es este egoísmo el que ciega a los ricos de los países enriquecidos, haciéndoles incapaces de descubrir el escándalo de las zonas de miseria, que subsisten todavía, o que se están creando en el interior mismo de estos países ricos. Y sobre todo no les deja caer en la cuenta de la monstruosa aberración de hacer reposar la riqueza de los países de la abundancia, en las injusticias del comercio internacional, a expensas de la miseria de los países pobres».*

Dom Hélder no se limitaba a criticar a los privilegiados; advertía que el egoísmo es una plaga democrática, que no respeta fronteras ni estatus. Insistía en que nadie está exento de su influencia: «*Pero que nadie se llame a engaño: el egoísmo no es monopolio de nadie, como tampoco de ningún pueblo. Y así en el caso de que mañana los países subdesarrollados comenzaran a progresar y se libraran del subdesarrollo, de seguro que el egoísmo los llevaría fácilmente a practicar para con los otros países, todavía más pobres que ellos, lo mismo que tanto les sublevaba en la forma anterior de comportarse de los países ricos».*

Esta visión se extendía incluso al ámbito laboral y social. Dom Hélder observaba cómo las conquistas de los oprimidos podían convertirse en trampas si no se mantenía la solidaridad. «*De todos es sabido cómo los obreros, cuando sus luchas heroicas les han permitido alcanzar un nivel de vida aceptable, son acechados por la tentación de olvidarse que, en su propio país, y en cualquier caso en los países subdesarrollados, quedan todavía cantidad de proletarios, de sub-obreros, cuyas condiciones infrahumanas de existencia tendrían que ser consideradas como un insulto y una agresión a toda la clase obrera».*

Reiterando su mensaje central, Dom Hélder vinculaba el egoísmo al individualismo exacerbado: «*El individualismo engendra el egoísmo, raíz de todos los males».* Para él, la solución no radicaba en reformas superficiales, sino en un combate interno y colectivo. *«Sólo se podrá ayudar a la humanidad a salir de esta situación pre-explosiva en que se encuentra cuando comprenda: que el egoísmo reviste dimensiones internacionales, corroyendo no sólo las relaciones personales de individuo a individuo y de grupo a grupo, sino también las de país a país; que el egoísmo hay que combatirlo con inteligencia y positivamente, pero sobre todo dentro de cada uno de nosotros».*

En este análisis, Dom Hélder no solo diagnosticaba el problema, sino que proponía una ética de la liberación basada en la empatía y la acción solidaria. Sus palabras, pronunciadas en un contexto de dictaduras y desigualdades en América Latina, resuenan hoy con vigencia universal, recordándonos que la verdadera revolución comienza en el corazón humano.

La violencia de los pacíficos

Dom Hélder Cámara, conocido por su compromiso inquebrantable con la paz y la justicia, desarrolló una visión única sobre la noviolencia que no era pasiva, sino activa y transformadora. Inspirado en el Evangelio y en figuras como Gandhi y Martin Luther King, Cámara proponía una «violencia pacífica» que desafiaba las estructuras injustas sin recurrir al derramamiento de sangre. Esta idea, arraigada en la realidad de América Latina durante épocas de represión y desigualdad, no era un ideal romántico, sino una estrategia realista para evitar catástrofes mayores y promover un cambio profundo. Sus notas revelan cómo vinculaba la fe cristiana con la acción social, advirtiendo contra la violencia armada que solo atraería intervenciones imperiales y perpetuaría el ciclo de sufrimiento.

En sus reflexiones, Dom Hélder enfatizaba el realismo de optar por la noviolencia: *«La opción por la noviolencia si se arraiga en el evangelio, se basa también en la realidad. ¿Queréis realismo? Entonces yo os digo: si en cualquier rincón del mundo, pero sobre todo en América latina, una explosión de violencia se enciende, podéis estar seguros de que inmediatamente los grandes llegarán. Sin declaraciones de guerra, las superpotencias estarán allí y tendremos un nuevo Vietnam... ¿Queréis todavía más realismo? Justamente porque nos es preciso llegar a la revolución estructural, es indispensable promover primero, pero en un nuevo sentido, una "revolución cultural". Si las mentes no llegan a un cambio en profundidad, las reformas de las estructuras, las reformas de base, quedarán sobre el papel (...)».*

Dom Hélder no pretendía ofrecer fórmulas mágicas, sino orientaciones prácticas para una transformación radical. Reconocía sus limitaciones, pero insistía en la urgencia de una acción no violenta que fuera audaz y efectiva: «*Yo no tengo soluciones. Tengo opiniones, sugerencias que se resumen en dos palabras: la violencia pacífica. No la violencia de las armas, sino la violencia de Gandhi y de Luther King: la violencia de Cristo. La llamo violencia porque no se contenta con pequeñas reformas, sino que exige una revolución completa de las estructuras actuales, sobre bases socialistas y sin derramamiento de sangre. No basta luchar por los pobres o morir por ellos; hace falta darles a los pobres conciencia de sus derechos*».

Esta «violencia pacífica» representaba para Dom Hélder una fuerza espiritual y social capaz de desmantelar el *statu quo* opresivo. Influenciado por su experiencia en Brasil bajo la dictadura militar, veía en ella una forma de empoderar a los empobrecidos, fomentando la conciencia colectiva y la solidaridad. Sus ideas resonaron y resuenan en movimientos populares de todo el mundo, donde la fe se convierte en herramienta para la justicia sin violencia física. Hoy, en un mundo marcado por conflictos y polarizaciones, sus palabras invitan a repensar la resistencia como un acto de amor radical y estratégico.

Gandhi, un profeta de la noviolencia

Dom Hélder Cámara, profundamente influenciado por las figuras proféticas de la historia, veía en Mahatma Gandhi no solo un líder político, sino un modelo vivo de resistencia evangélica. Para él, Gandhi encarnaba la noviolencia activa, esa «violencia pacífica» que él mismo predicaba como antídoto contra la opresión estructural. En sus reflexiones, interrogaba el legado de Gandhi con honestidad, reconociendo aparentes fracasos a corto plazo mientras afirmaba su victoria espiritual a largo plazo. Este análisis no era abstracto; nacía de la realidad latinoamericana, donde la dictadura brasileña silenciaba voces disidentes, y servía como puente para aplicar la *satyagraha* (la fuerza de la verdad) en contextos de injusticia global.

Dom Hélder invitaba a un diálogo imaginario con el maestro de la India: «*Si tornamos a Gandhi como el prototipo del líder de la noviolencia activa y valiente, podríamos preguntarle: "Gandhi, ¿dónde está tu victoria?". A corto plazo, Gandhi parece haber fracasado. ¿Cuál ha sido realmente la suerte de su doctrina tanto en los países subdesarrollados como en los países desarrollados?*». Aquí, Don Hélder destacaba la fragilidad de la noviolencia ante regímenes totalitarios que no dudan en manipular y reprimir. Imaginaba un escenario cruel: «*Cuando Gandhi hacía una huelga de hambre, todo el mundo se entristecía y no había ningún lugar del imperio capaz de resistir a la presión moral que se elevaba de todos los rincones de la tierra. Pero suponed que el régimen establecido hubiera dejado a Gandhi sin voz, que hubiera encarcelado a sus colaboradores más cercanos y más queridos, que hubiera difundido sobre ellos las peores infamias (por ejemplo, que habían denunciado a sus compañeros, que tenían miedo y que confesaron su participación en movimientos subversivos, que habían abandonado la satyagraha...) En este caso, ¿qué habría podido hacer el apóstol de la noviolencia?*».

Lejos de desanimarse, Dom Hélder proyectaba el consejo de Gandhi hacia el Tercer Mundo, un siglo después de su nacimiento en 1869. *«¿Qué aconsejaría Gandhi al tercer mundo ante este panorama, cien años después de su nacimiento? ¿Acaso son mayores las posibilidades de la doctrina de Gandhi en los países desarrollados? Quizá. Pero la doctrina de Gandhi exigiría el cambio de las estructuras sin lo cual los países pobres no podrán salir jamás de su miseria. Sin este paso previo no habrá nunca ni respeto a la persona humana, ni clima de libertad, ni margen para llevar a cabo una presión moral que demuestre su eficacia, no fijándose como meta unas reformas inexpresivas, sino para lograr cambios profundos y rápidos que harían inútil la llamada a la revolución armada. El tiempo juega a favor de Gandhi. Antes que pase mucho tiempo, Gandhi será reconocido como un profeta».*

En esta visión, elevaba a Gandhi a la categoría de profeta bíblico, cuyo mensaje trasciende épocas. Su noviolencia no era ingenua; exigía una revolución cultural y estructural que desarmara el egoísmo internacional y empoderara a los oprimidos. En Recife, Dom Hélder Cámara aplicó estos principios a movimientos que promovían la conciencia crítica sin armas. Allí colaboró en organizar la esperanza. Hoy, en un mundo de guerras y desigualdades crecientes, las palabras de Dom Hélder sobre Gandhi nos desafían a elegir la presión moral liberadora sobre la violencia, recordando que la verdadera victoria se mide en la transformación de los corazones y la transformación de las sociedades en más justas y solidarias.

Noviolencia activa: La resistencia de los pacíficos

Dom Hélder Cámara, en su incansable búsqueda de caminos hacia la justicia sin odio, defendía la noviolencia activa como una fuerza imparable, capaz de confrontar a los gigantes del poder sin caer en sus trampas. Esta «violencia de

119

los pacíficos», como él la llamaba, no era una rendición ante la injusticia, sino una estrategia audaz que desarmaba al opresor mediante la verdad, la solidaridad y la presión moral liberadora. En un mundo dominado por complejos económico-militares, Dom Hélder argumentaba que las armas solo fortalecían a los poderosos, mientras que la noviolencia abría puertas a transformaciones profundas. Sus reflexiones, nacidas de la realidad opresiva en Brasil y América Latina, cuestionaban tanto la ineficacia de la guerra como la superficialidad de reformas tibias.

Dom Hélder reconocía la diversidad de anhelos por un mundo mejor: «*No son menos numerosos los que desean un mundo más justo y humano también, pero sin estar de acuerdo en que la guerra y la violencia armada puedan ser el método adecuado para lograrlas. Sin tener que recurrir siquiera a motivos de orden religioso o ideológico, los que eligen la noviolencia activa —es decir, la violencia de los pacíficos— se encuentran con que hoy se dan poderosos complejos que dominan la tierra a base de aliar el poder económico con el poder político, tecnocrático y militar; ¿cómo pensar entonces en vencer por las armas a los señores de este mundo cuando cuentan precisamente entre sus mejores aliados a los fabricantes de armas y a los autores de las guerras?*».

Dom Hélder desmontaba el mito de la revolución armada, señalando cómo los fabricantes de armas y los promotores de conflictos se beneficiaban de la escalada violenta, perpetuando un ciclo que solo enriquecía a las élites. La noviolencia activa, en cambio, era un realismo superior: exponía las alianzas perversas y movilizaba a las masas sin dar pretextos para represión masiva.

Pero no se conformaba con críticas; planteaba el desafío central: «*Es entonces cuando se abre camino imperiosamente la otra pregunta: ¿se va a sacar algo con la noviolencia? ¿se dan cuenta los no-violentos de que lo que se trata de conseguir no es solamente alguna que otra pequeña reforma, sino que tanto en los países desarrollados como en los países subdesarrollados lo que hay que lograr es el cambio de las estructuras político-culturales y económico-sociales?».*

Para Dom Hélder, la noviolencia no era pasividad, sino una revolución integral que exigía conciencia crítica y acción colectiva. Inspirado en su labor en las favelas de Recife, promovía educación popular, huelgas morales y denuncias proféticas que cambiaban mentalidades antes de estructuras. Esta aproximación noviolenta evitaba el «nuevo Vietnam» que tanto temía Dom Hélder Cámara, atrayendo en cambio simpatía global y ejerciendo una presión moral irresistible por reformas socialistas verdaderamente humanizadas. En la era actual, marcada por conflictos geopolíticos y crisis económicas, las palabras de Dom Hélder nos invitan a reconsiderar la noviolencia como una herramienta poderosa para la liberación, recordando que el cambio estructural comienza con el rechazo al ciclo de violencia.

¿Correrá Dom Hélder la misma suerte que Gandhi y Luther King?

Dom Hélder Cámara, el «obispo rojo» para sus detractores y el «profeta de la paz» para los oprimidos, vivió bajo la sombra constante de la muerte, al igual que sus inspiradores Mahatma Gandhi y Martin Luther King. Su denuncia profética contra la miseria y el egoísmo estructural lo convirtió en un objetivo para los poderes económicos y militares de Brasil durante la dictadura.

La pregunta que flotaba en el aire era inquietante: ¿Correrá Dom Hélder Cámara la misma suerte que sus antecesores Gandhi y Luther King? Rumores corrieron de que así sería: una organización ligada a poderes económicos lo eliminaría, y no por medio de un atentado, sino mediante accidente simulado. Los obispos del nordeste publicaron un documento exigiendo justicia y respeto de los derechos

121

humanos. A los pocos días, militares armados asaltaron la casa de Hélder y le amenazaron. Sin dejarse impresionar por las calumnias y las amenazas de muerte sigue adelante este hombre, al que el pueblo llama el «obispo de los pobres». Le mueve el grito de las criaturas que viven en la miseria y oprimidas. Dom Hélder Cámara dirá, «Cristo se llama Antonio y Severino, y espera verse liberado de la miseria». Dom Hélder Cámara llamaba «la bomba de la miseria» a la situación de desigualdad en que se hallaba el mundo y más particularmente Brasil: 80% de las riquezas de la tierra en manos del 20% de sus habitantes. No bastaban las limosnas. Era necesaria y urgente una nueva y justa distribución de las riquezas del planeta.

Dom Hélder pintaba con crudeza la realidad de los labradores brasileños, esos «sin voz» que él amplificaba: *«Los labradores tienen permiso para morir en la tierra y el suelo de sus amos. Se les dan perreras para que vivan en ellas con su mujer y sus hijos. Tienen trabajo en los establecimientos de su amo y casi siempre permiso para cultivar una pequeña plantación. -El amo se siente en su conciencia como un padre, igual de magnánimo y de bueno. Aunque resulta que las perreras casi nunca tienen agua, electricidad ni letrinas, el amo se tranquiliza con la idea de que Dios da el frío según el vestido (…) Si el obrero por la mañana se muestra desagradecido, si pretende ser un hombre, se interesa por cosas nuevas, sigue la enseñanza por radio, se afilia a un sindicato y habla de derechos, entonces el amo se persuade de que tiene motivos para inquietarse; es el soplo de la insurrección, del comunismo. Y entonces, sin vacilar lo más mínimo, sin el menor remordimiento de conciencia, expulsa al campesino de su suelo y de su tierra y, si es preciso, destruye el agujero en el que ha vivido con su familia. ¿Cuándo dejaremos por fin de culpar a Dios de lo que es fruto de nuestro egoísmo?».*

En 1970, en un reportaje concedido a la famosa periodista Oriana Fallaci, Dom Hélder predicaba su «violencia pacífica» como vía para un orden social más justo, distanciándose de los modelos socialistas autoritarios: «*Mi socialismo es un socialismo especial, que respeta a la persona humana y se vuelca al Evangelio. Mi socialismo es justicia*». Esta declaración no era retórica; era un manifiesto vivo que lo exponía a la persecución, pero también lo elevaba como voz global de los desposeídos. Dos años antes, el 11 de marzo de 1968, Dom Helder, en una conferencia en el Instituto Católico de Recife, indicó que el cristiano no tiene nada que temer al hecho de que el mundo marche hacia el socialismo, ya que *«puede ofrecer una mística de fraternidad universal y de esperanza incomparablemente más amplia que la mística estrecha de un materialismo histórico... Los marxistas sienten la necesidad de revisar, por otra parte, su concepto de religión»*. Y a este respecto, en el Congreso Mundial de la Federación Internacional de la Juventud Católica, celebrado en Berlín Occidental en 1968, les dijo: «*El pensamiento de Marx se transformó en dogma, incluida su visión sobre la esencia alienada y alienante de la religión. De allí el ateísmo militante, la persecución religiosa y, en el mejor de los casos, la vida religiosa confinada exclusivamente en el interior de los templos*».

A pesar de las amenazas —incluyendo el asesinato, que nunca se materializó—, Dom Hélder sobrevivió para ver cómo su mensaje germinaba en la redemocratización de Brasil, en los movimientos populares y en los movimientos mundiales por los derechos humanos. Esta aproximación no violenta evitaba el «nuevo Vietnam» que tanto temía, atrayendo en cambio simpatía global y ejerciendo una presión moral perseverante, irresistible, por reformas socialistas verdaderamente humanas.

Su legado nos interpela en un mundo aún marcado por la «bomba de la miseria». ¿Escucharemos su llamado a una distribución justa, o repetiremos el egoísmo que él denunciaba? ¿somos conscientes de lo que significan las palabras que León XIV pronunciadas en su primera bendición Urbi et

Orbi, diciendo: «*Esta es la paz de Cristo Resucitado, una paz desarmada y desarmante, humilde y perseverante*».

El camino de la presión moral liberadora

Dom Hélder Cámara, en su visión profética de una revolución sin sangre, proponía el «*camino de la presión moral liberadora*» como la alternativa evangélica al ciclo vicioso de la violencia. Esta vía no era un atajo complaciente, sino un sendero arduo que exigía reemplazar el poder coercitivo por la fuerza de la verdad y el amor. Inspirado en las «*minorías abrahámicas*», confiaba en que el Espíritu multiplicaría el coraje de los pacíficos para desmantelar estructuras opresivas. Sus reflexiones, nacidas en el contexto de la dictadura brasileña y las desigualdades globales, invitan hoy a una movilización universal: articular redes de conciencia que presionen por cambios profundos, desde las favelas de Recife hasta los corredores del poder internacional.

En sus palabras, este camino demandaba una fe activa y creativa: «*Escoger el camino de la presión moral liberadora no es ciertamente optar por la vía fácil. Se trata de reemplazar la fuerza de las armas por la fuerza moral, de sustituir la violencia por la verdad. Hay que confiar en que el soplo del amor multiplique el coraje y el número de las "minorías abrahámicas" que deseen la justicia, pero rehúsen contestar a la violencia con la violencia. El amor dará con los medios más apropiados, para suscitar y articular minorías abrahámicas en todos los grupos humanos, en cada región, país y continente a lo largo y ancho del mundo entero*».

En esta misma línea, es bueno recordar a Julián Gómez del Castillo, militante cristiano pobre — desde la experiencia de la España franquista, la persecución y la memoria viva del hambre y de la España empobrecida— que también hizo suyo el concepto de resistencia moral liberadora. Para Gómez del Castillo, la noviolencia no era pasividad, sino denuncia profética de toda forma de violencia: tanto los actos como las estructuras permanentes que los engendran. Y los expresa así: *«Nunca es evangélico utilizar las armas frente a los hermanos; preferir que te maten a matar es lo propio del cristiano desde el primer Viernes Santo. Ni las guerras ni las guerrillas han sido ni serán nunca evangélicas. Pero tampoco lo serán nunca las estructuras económicas, sociales, políticas y culturales que perpetúan, no actos de violencia, sino situaciones permanentes de violencia, contra las cuales ni la ONU, ni los demás organismos internacionales ligados a ella, ni las uniones de Estados —la CEE en primer lugar— han dicho nunca nada».* Y añadía desde su experiencia una dura crítica al asistencialismo que perpetúa la miseria: *«El hambre es una de las situaciones de violencia, y responderla con asistencialismo a cuentagotas es perpetuar la situación de violencia, haciendo así posible la permanencia de la vieja cuarteta: "El señor don Juan de Robles / con caridad sin igual / mandó hacer este hospital / ... pero antes hizo los pobres". Toda situación de violencia es siempre peor que todo acto de violencia. La resistencia moral liberadora frente a los actos y las situaciones de violencia. Dentro de esta resistencia moral figura que, en las próximas elecciones, votemos en blanco si ningún partido político incluye en los tres primeros puntos de su programa el acabar con la situación de violencia que hace que tres cuartas partes de la humanidad padezca hambre. La resistencia moral liberadora, así, es propio de las personas de buena voluntad. Lo demás… Nada de blandenguerías alienantes. El hambre mata, destruye a la persona, te plantea el suicidio, destruye las ganas de vivir. Cuando no hace muchos años España era el Tercer Mundo, millones de españoles vivimos esto. Hoy, cuando se intenta combatir el hambre con asistencialismos inútiles, lo tomamos como una ofensa salvaje al hambre que sufrimos».*

Mandamientos de la noviolencia

En el libro *La violencia de un pacífico*, J. de Broucker recoge este decálogo escrito por Dom Hélder: *«Hago aquí el*

125

don de mi persona, física y espiritual, a la acción no-violenta. En consecuencia, me comprometo a respetar los diez mandamientos siguientes:

1. meditar todos los días en la predicación y la vida de Cristo;

2. tener presente que la acción no violenta tiene por fin la reconciliación y la justicia, no la victoria;

3. conservar en mi comportamiento y en mis palabras, una actitud de amor, porque Dios es amor;

4. orar todos los días y pedirle a Dios la gracia de ser su instrumento, para que todos los hombres puedan ser libres;

5. sacrificar mis intereses personales para que todos los hombres puedan ser libres;

6. observar para con mis enemigos, como para con mis amigos, las reglas de la cortesía;

7. intentar consagrarme habitualmente al servicio de los demás y del mundo;

8. evitar la violencia, tanto de manos como la violencia de la lengua y del corazón;

9. esforzarme por observar una higiene espiritual y física;

10. respetar las órdenes de la acción no violenta y de sus jefes durante las manifestaciones».

«Los presupuestos y objetivos del movimiento revolucionario no violento son los siguientes: una triple mutación de mentalidades (revolución cultural en un sentido nuevo) como condición previa para las mutaciones profundas y rápidas que deseamos conseguir:

— es urgente sensibilizar a los poderosos para que se decidan a dejar sus privilegios, y sensibilizar los gobiernos latinoamericanos para que se decidan a realizar las reformas de base;

— es urgente que los jóvenes procuren encontrar soluciones adaptadas a nuestras realidades;

— es urgente ayudar a las masas a convertirse en pueblo».

«No se trata de ser vegetariano como él (Gandhi); o vestirse a lo hindú; o de copiar la satyagraha; o de ensayar huelgas de hambre... Lo que tenemos que tomar de él es el espíritu. Y la gran lección es que sólo gana la victoria aquél que sabe vencerse, y sólo seremos capaces de hacer

126

libres a los demás, si lo somos nosotros mismos. Es la enseñanza válida para todos los tiempos, que la auténtica noviolencia (no la falsa, la cobarde, la hipócrita) es más fuerte que la violencia y que el odio».

EL LADO BUENO

Especialízate
en el arte de descubrir
en todas y cada una de las criaturas
el lado bueno con que cuentan:
no hay nadie que sólo sea maldad.
Especialízate
en el arte de descubrir
en todas y cada una de las ideologías,
el fondo de verdad
que guardan en su seno:
la inteligencia es incapaz
de adherirse a un error absoluto

COMO AGUA LIMPIA

De la vinajera llena
una sola gota
ha sido llamada a formar parte
de la ofrenda divina.
¿Por qué ésta y no otra?
Nosotros no vemos nada
ni comprendemos nada.
Pero a mí me ha emocionado la placidez
de la otra agua
que algunos instantes después,
humilde y feliz,
ha lavado
mis manos de pecador.

CAPÍTULO 5

LA REVOLUCIÓN NOVIOLENTA
LA VIOLENCIA DE LOS PACÍFICOS

«Estoy seguro de que ciertos pasajes del
Evangelio serían censurados. Por
ejemplo, el canto revolucionario del
Magníficat. El Magníficat es
inquietante, es grave, ¡es sedicioso! Está
en contra del orden establecido por los
ricos y los poderosos»

Dom Hélder Cámara

Su pensamiento, profundamente arraigado en la noviolencia y la conversión permanente, ofrece una crítica radical al egoísmo humano y a las estructuras opresivas, sin recurrir jamás al odio o a la fuerza armada. En sus propias palabras: *«¿Quién no precisa continua conversión? La pregunta vale no solamente para los individuos, sino también para los pueblos, pues todos necesitan continua conversión, sin excepción. No hay pueblos inocentes y pueblos pecadores. Hay diferencias en la comisión de los pecados. Y todos, como en el caso de los individuos, nacen del egoísmo».*

Para Dom Hélder, la verdadera revolución social que el mundo anhela no se logra mediante golpes armados, guerrillas o guerras fratricidas. En cambio, propone una transformación profunda y radical, que requiere la gracia divina y un movimiento global de opinión pública. Este cambio debe ser impulsado y respaldado por la Iglesia, no solo en América Latina, sino en todo el orbe. El odio, enfatizaba, no construye nada duradero; al contrario, hay un mundo entero por edificar desde los cimientos de la paz y la justicia. Esta urgencia se hace aún más evidente al observar cómo algunos de los más idealistas —especialmente los jóvenes puros y comprometidos— pierden la paciencia ante la lentitud del cambio y se inclinan hacia movimientos radicales y violentos. Dom Hélder advertía sobre este riesgo, instando a actuar con rapidez para canalizar esa energía hacia vías constructivas.

En su crítica al asistencialismo superficial, Dom Hélder denunciaba la hipocresía de una sociedad que canoniza a quienes reparten dólares y víveres como si fueran santos, mientras tacha de «filocomunistas» o «subversivos» a aquellos que promueven una verdadera promoción humana: *«En muchos lugares, tanto en América como en Europa, se entiende que quien hace "asistencialismo", quien vive dando dólares y víveres, es una persona extraordinaria, ¡es un santo!, mientras que a quien considera que no se puede permanecer en un mero "asistencialismo", sino que se debe alentar la promoción humana ayudando a los hijos de Dios a salir de la miseria y de la injusticia, es considerado filocomunista o subversivo».*

Para él, la pobreza podría ser tolerable en ciertos contextos, pero la miseria representa una afrenta intolerable a la dignidad humana: *«Es una afrenta a la criatura humana y una injuria al Creador. La miseria es antihumana y anticristiana. Debemos luchar, pues, para que las criaturas sean libres de la miseria lo más rápido posible»*, afirmaba con vehemencia. Por ello, urge luchar para liberar a las criaturas de Dios de esta opresión. Sin embargo, esto no implica abandonar la resignación cristiana ni impulsar una revolución sangrienta. Al contrario: *«Yo uso la palabra "revolución", pero para mí no significa lucha armada, no significa sangre ni odio. Revolución es cambio, radical y rápido, en el que desempeña un rol decisivo la fuerza de las ideas. Creo en la fuerza de las ideas, de lo contrario no habría o no existirían grandes publicaciones, no habría nadie, no habría televisión, no habría grandes universidades. De hecho, son las ideas las que conducen al mundo. Lo que uno solo no puede, lo podemos unidos».*

Dom Hélder no escatimaba en advertencias a la jerarquía eclesiástica, recordándoles la inexorabilidad de la historia y la responsabilidad ante Dios: *«La historia es implacable, Dios nos pedirá cuentas».* A aquellos que temían un cambio demasiado acelerado en las estructuras continentales, les respondía con una perspectiva histórica: *«los que piensan que actuamos demasiado rápido en el cambio de estructuras del continente, recordémosles que Latinoamérica espera desde hace cuatro siglos y medio».* Su llamado era a una acción inmediata, pero siempre guiada por la noviolencia, la solidaridad y la fe en el poder transformador de las ideas unidas.

¿Cuál es la verdadera revolución?

Que nadie se escandalice al oír al «obispo rojo» hablar de revolución. Esta noción no es exclusiva suya y resulta más evangélica de lo que muchos imaginan. El papa Francisco, por ejemplo, la ha invocado en múltiples ocasiones para resaltar su esencia transformadora y pacífica. En una de sus homilías, Francisco explica: *«El Evangelio de hoy desmiente esta versión estereotipada, esta "santidad de estampita". De hecho, las Bienaventuranzas de Jesús (Mt 5,1-12), que son el carné de identidad de los santos, muestran todo lo contrario: ¡hablan de una vida a contracorriente, de una vida revolucionaria! Los santos son los verdaderos revolucionarios».* Profundizando en esta idea, añade: *"«Son muchos los revolucionarios en la historia... Pero ninguno ha tenido la fuerza de esta revolución que nos trajo Jesús: una revolución para transformar la historia, una revolución que cambia en profundidad el corazón del hombre. Las revoluciones de la historia han cambiado los sistemas políticos, económicos, pero ninguna de ellas ha modificado verdaderamente el corazón del hombre».* En otra ocasión, evoca el pesebre como origen de esta dinámica liberadora: *«Al nacer en el pesebre, Dios mismo inicia la única revolución verdadera que da esperanza y dignidad a los desheredados, a los marginados: la revolución del amor, la revolución de la ternura».* Y añade, evocando a su predecesor: «*La verdadera revolución, la que transforma radicalmente la vida, la realizó Jesucristo a través de su Resurrección: la Cruz y la Resurrección. Y Benedicto XVI decía, de esta revolución, que "es la mutación más grande de la historia de la humanidad"».* Precisamente Benedicto XVI, en su mensaje a los jóvenes durante la Jornada Mundial de la Juventud de 2005, había subrayado: «*Sólo de los santos, sólo de Dios proviene la verdadera revolución, el cambio decisivo del mundo».*

En la misma línea, en el prólogo del DOCAT —el catecismo de la Doctrina Social de la Iglesia dirigido a los jóvenes—, Francisco insta a la acción: «*El mundo, con todo lo que le está pasando, no puede seguir así. ¡El cristiano que en estos momentos deje de mirar a los más pobres de los pobres, no es en realidad un cristiano! ¿No podemos hacer algo más para que esta "revolución del amor y la justicia" se haga realidad en muchas partes de este maltratado planeta? ¡A muchos les puede ayudar la Doctrina Social de la Iglesia!».* Más adelante, enfatiza: «*Pensemos en esto: es la mayor mutación de la historia de la humanidad, es una verdadera revolución y nosotros somos revolucionarias y revolucionarios de esta revolución, porque nosotros vamos por este camino de la mayor mutación de la historia de la humanidad. Un cristiano, si no es revolucionario, en este tiempo, ¡no es cristiano!».* Finalmente, nos anima a invocar a María: «*Pidamos a la Virgen, Madre de la Ternura, que nos haga a todos artífices de la revolución de la ternura, para liberar juntos al mundo de la sombra de la soledad y del demonio de la guerra».*

Esta visión evangélica de la revolución resuena profundamente en el pensamiento de Dom Hélder Cámara, quien la encarnaba con una pasión profética. Él mismo afirmaba: «*Sólo hombres de visión planetaria y de corazón universal serán instrumentos útiles para el milagro de ser violentos como los profetas, auténticos como el Cristo, revolucionarios como el evangelio, más sin dañar el amor».* En esta misma línea de pensamiento, el filósofo personalista Emmanuel Mounier afirmaba: *«Sólo se pide a los cristianos que sean auténticos. Esto es, verdaderamente, la revolución».* Monseñor Óscar Romero, mártir de la justicia en El Salvador, iba aún más allá: «*Hay que cambiar de raíz todo el sistema*».

Otro referente clave para Dom Hélder fue Joseph Cardijn, fundador de la Juventud Obrera Cristiana (JOC), a quien admiraba profundamente. En sus palabras: *«Ejemplo vivo de hombre que se gastó hasta el fin por la causa de la promoción humana y social de los trabajadores... y que la Bélgica de Cardijn... dé ejemplo a los cristianos del mundo de luchar para que en vez de países proletarios y países de abundancia, ni haya pobreza en la abundancia, ni abundancia en la pobreza, sino desarrollo integral del mundo y solidaridad universal de los hombres».* Cardijn, con su carisma revolucionario, declaraba a los jóvenes de la JOC: *«No hacemos la revolución... ¡Somos la revolución!».*

Del mismo modo, Julián Gómez del Castillo, amigo y promotor del pensamiento de Dom Hélder en la editorial ZYX, sintetizó magistralmente la *«teología de la revolución»* que tanto defendía el obispo de los pobres: *«La conversión y la revolución se exigen mutuamente».* Y añadía: *«Admitimos la revolución como cambio rápido y total de mentalidad y estructuras, pero no por la violencia. Como laicos tenemos vocación de transformar el mundo (caridad política) y es desde ahí desde donde debemos vivir la interna y esencial unión con Dios».*

Esta revolución no es abstracta: exige una respuesta concreta a las palabras de Jesús en el juicio final: *«Tuve hambre, y no me disteis de comer...»* (Mt 25,41). Para Dom Hélder, ignorar este clamor de los pobres no solo es una omisión evangélica, sino una traición a la verdadera transformación que el Evangelio propone. Su legado nos interpela hoy a ser, como él, profetas de una justicia que nace del corazón y cambia el mundo sin derramar sangre.

Dom Hélder Cámara no hablaba de revolución desde un escritorio teórico, sino desde las favelas de Recife, donde el hambre tenía nombre y apellido. Para él, la verdadera revolución no era un ideal abstracto, sino la urgencia de responder al Cristo que sufre en los marginados. No se puede amar a Dios sin amar al hermano. No se puede amar al hermano sin combatir la miseria que lo humilla. Y no se puede combatir la miseria sin cambiar las estructuras que la generan. *«Cuando me muera, no quiero flores ni discursos»*. Para el obispo de los pobres mientras haya un solo niño con hambre, Cristo seguirá crucificado.

Para él ser revolucionario no es tomar las armas, sino tomar en serio el Evangelio y el arma que necesitamos es la fuerza liberadora de verdad y el amor. Esta tríada —amor, combate, cambio— define lo que podríamos llamar su teología de la revolución. No era un programa político, sino una conversión evangélica continua que comenzaba en el corazón y terminaba en la transformación de las estructuras sociales.

Predicando la revolución noviolenta. La violencia de los que se dejan matar

En una carta de Monseñor Hélder Cámara dirigida al sociólogo Gilberto Freire en el año 1966 hablará de la necesaria revolución social que necesita el mundo entero: *«Estoy convencido de que sin nosotros o contra nosotros los ojos del pueblo se abrirán! ¡Ay del cristianismo si mañana, cuando se abran aparezca la Iglesia comprometida con los poderosos en la explotación de los humildes! (...) Toda vez que las reformas fundamentales quedan en el papel el pueblo se desencanta más. ¿Hasta dónde irá la paciencia de las masas? (...) A mi modo de ver el mundo entero necesita una profunda revolución social. De ninguna manera puede terminar bien el desencuentro entre el mundo desarrollado y el mundo subdesarrollado. Las relaciones* entre estos dos mundos están mal ubicadas porque se sitúan desde un ángulo de ayudas cuando está en juego un problema de justicia en escala social. No habrá paz sin justicia. Se impone una revolución social tanto en los países ricos como en los países subdesarrollados. Pero yo no creo en el odio, no creo en la guerra, no creo en las armas».

Para Dom Hélder Cámara la revolución noviolenta que el mundo necesita pasa por el cambio de mentalidad, por la conversión que nos habla el evangelio: «*Si se hace un movimiento de noviolencia tranquilo, no llegaremos a nada. La forma, quizá, de evitar la violencia armada sea organizar una presión moral liberadora. Necesitamos un profundo cambio de estructuras. Y para llegar a ese cambio debemos comenzar por el cambio de estructuras mentales. Ésta es la conversión de la que nos habla el Evangelio*».

En 1971 declaraba: «*Yo no creo en la violencia armada, pero si en la violencia de los que se dejan matar en su lucha por la Justicia*». Después de tres propuestas consecutivas para el Premio Nobel de la Paz, todas ellas denegadas, al fin, el Ayuntamiento de Oslo, recogiendo un clamor universal, le concedió en 1974 un simbólico Premio Nobel: El premio popular de la Paz.

… El Premio Nobel se lo concedieron a Henry Kissinger en el año 1973, por interceder en la guerra de Vietnam, cuando se presentaba también como candidato al arzobispo brasileño Dom Hélder Cámara, por su trabajo con los desposeídos, por los numerosos atentados, etc. El señor Kissinger, por el contrario, era famoso por participar en el golpe de estado contra Allende en Chile, en el de Uruguay, en la operación Cóndor, en los bombardeos secretos de Laos y Camboya, por apoyar al genocida general Suharto, etc. Por eso y ante semejante escándalo, los noruegos le concedieron a Dom Hélder el Premio del Pueblo para la Paz creado sólo para tal ocasión y en denuncia de la decisión tomada por el Comité de los premios Nobel. La cantidad económica que se le entregó al arzobispo brasileño era el doble de lo que supone el premio oficial de los Nobel. El dinero de este premio en exclusiva al obispo fue recogido entre los ciudadanos noruegos que son de mayoría protestante para la labor que desarrollaba el arzobispo de Recife.

El peregrino de la paz les decía a los jóvenes: *«Si me preguntáis lo que conozco de más válido, de más fuerte, de más eficaz como fermento de revolución cultural a la altura de la revolución estructural que el mundo necesita, responderé sin vacilar: el cristianismo auténtico, tal como emerge del Concilio Ecuménico Vaticano II. Si deseáis uno, capaz como nadie, de entender a los jóvenes e incapaz de decepcionaros, responderé sin recelo: ¡Cristo!».*

Hoy, cuando hablamos de revolución, el mundo piensa en barricadas. Dom Hélder nos invita a pensar en barrigas vacías que se llenan, niños que aprenden a leer, mujeres que dejan de ser invisibles. Su revolución no terminó con su muerte en 1999. Vive en cada comunidad que se organiza, en cada joven que elige la justicia antes que la comodidad, en cada cristiano que entiende que orar sin actuar es hipocresía.

El amor a los enemigos

No podemos olvidar un elemento fundamental que define la esencia misma de la fe cristiana, como nos recuerda el papa Benedicto XVI: *«El amor a los enemigos constituye el núcleo de la revolución cristiana».* Esta afirmación no es un mero ideal abstracto, sino el eje transformador que distingue el Evangelio de cualquier ideología humana. Para Dom Hélder Cámara, obispo de los pobres y profeta de la noviolencia, este principio no era una recomendación opcional, sino una exigencia radical para todos, especialmente para los jóvenes llamados a ser artífices de un mundo nuevo. En sus mensajes directos y apasionados, les instaba a encarnar esta regla no violenta como un compromiso cotidiano: *«Observar para con mis enemigos, como para con mis amigos, las reglas de la cortesía», «Que ningún problema de ningún pueblo os deje indiferentes. Vibrad con el gozo y la esperanza de cada grupo humano. Haced vuestros los diversos sufrimientos y humillaciones de vuestros hermanos en la humanidad (...) Esforzaos por ser magnánimos y serlo de verdad, tanto de pensamiento como de obra e incluso en vuestros sueños. Tachad de vuestro diccionario particular palabras como "enemigo", "enemistad", "odio", "resentimiento", "rencor", etc.».*

Dom Hélder no teorizaba desde la distancia; su vida en las favelas de Recife y su resistencia frente a la dictadura militar brasileña fueron testimonios vivientes de este amor radical. En un contexto de represión, donde él mismo fue etiquetado como «subversivo» y vigilado por las autoridades, eligió la oración por los perseguidores en lugar de la venganza, el odio, el resentimiento... Esta praxis no era ingenuidad, sino una estrategia profética: el odio envenena al oprimido tanto como al opresor, mientras que el amor desarma las cadenas de la injusticia. Influenciado por Gandhi y el Sermón de la Montaña de Jesús de Nazaret, Dom Hélder veía en el amor a los enemigos el antídoto al ciclo de violencia que asolaba América Latina, donde guerrillas y regímenes autoritarios se devoraban mutuamente.

Por todos es conocido que Jesús de Nazaret nos invita a la perfección en el amor con estas palabras: «*Yo, en cambio, os digo: Amad a vuestros enemigos, y rezad por los que os persiguen. Así seréis hijos de vuestro Padre que está en el cielo, que hace salir su sol sobre malos y buenos, y manda la lluvia a justos e injustos. Porque, si amáis a los que os aman, ¿qué premio tendréis? ¿No hacen lo mismo también los publicanos? Y, si saludáis sólo a vuestros hermanos, ¿qué hacéis de extraordinario? ¿No hacen lo mismo también los gentiles? Por tanto, sed perfectos, como vuestro Padre celestial es perfecto.*» (Mateo 5, 43-48). Estas Bienaventuranzas no son un código ético distante, sino la brújula para la «revolución de la ternura» de la que hablaba el papa Francisco, inspirada en el mismo espíritu que animaba a Dom Hélder.

Sin embargo, en el mismo continente latinoamericano ardía otra llama revolucionaria, más conocida y más controvertida: la de Ernesto «Che» Guevara. Él también habló de amor, pero desde una perspectiva radicalmente distinta. En una carta a su madre desde una prisión mexicana, escribió: «*No soy Cristo ni un filántropo, soy todo lo contrario de un Cristo. Lucho por las cosas en las que creo con todas las armas de que dispongo y trato de dejar muerto al otro para que no me claven en ninguna cruz o en ninguna otra cosa*». Y en otro momento, afirmó: «*Un revolucionario verdadero es guiado por grandes sentimientos de amor. De amor por la humanidad, por la justicia y la verdad. Es imposible concebir un verdadero revolucionario sin esta cualidad*».

Aquí surge la paradoja: el mismo fuego del amor por la justicia puede conducir a dos caminos opuestos. Para el Che, el amor se expresa en la lucha armada, en la disposición a matar y morir por la causa. Para Dom Hélder, el amor verdadero se niega a tomar las armas, incluso frente al opresor. El revolucionario verdadero no mata al opresor: lo convierte. Sed perfectos en el amor, como vuestro Padre es perfecto en la misericordia. El amor a los enemigos no es utopía. Es la única estrategia que rompe el ciclo de sangre, que apaga el incendio de la venganza. El Che vio en la violencia un instrumento necesario para romper las cadenas; Dom Hélder vio en la noviolencia la única forma de no reproducirlas. No basta amar a los pobres también es necesario amar a sus enemigos. Esta frase —«*sed perfectos, como vuestro Padre celestial es perfecto*»— no es una exigencia moralista, sino una invitación a la imitación divina: amar sin discriminación, como Dios ama. No es perfección humana, sino perfección en el amor. Y ese amor, para Jesús, incluye al enemigo.

Ernesto «Che» Guevara se equivocó al convertir el odio a la persona en motor de la revolución: «*El odio intransigente al enemigo, que impulsa más allá de las limitaciones naturales del ser humano y lo convierte en una eficaz, violenta, selectiva y fría máquina de matar*». Esta confusión transforma al opresor en un ser absoluto, sin redención posible, y termina envenenando al propio revolucionario. El odio personal multiplica cadenas en lugar de romperlas, reproduce tiranos y convierte la lucha por la justicia en un ciclo de sangre donde nadie gana.

Jesús de Nazaret, Gandhi y Dom Hélder Cámara nos enseñan el camino correcto: odiar la injusticia y el pecado estructural con toda el alma, pero amar a la persona, incluso al enemigo. «*Amad a vuestros enemigos y rezad por los que os persiguen... Sed perfectos, como vuestro Padre celestial es perfecto*» (Mt 5,44-48). Gandhi marchó contra el monopolio británico de la sal, no contra los británicos; Dom Hélder denunció la dictadura mientras rezaba por los torturadores. Así, el odio justo moviliza y el amor perfecto desarma: solo esta doble fuerza construye una revolución que no se devora a sí misma, sino que abre puentes de reconciliación sobre las ruinas de la opresión. En *Cartas a los poderosos*, Dom Hélder escribió epístolas a militares donde dice: «*Le ruego, señor general, que busque la paz que solo el corazón justo puede conocer*».

En 1968, en plena escalada de la Guerra de Vietnam y en medio de la Alianza para el Progreso —un programa estadounidense que prometía desarrollo en América Latina pero que, para Dom Hélder, perpetuaba la dependencia—, el obispo brasileño escribió una misiva abierta al presidente Johnson. En ella, no acusaba con ira, sino que apelaba a la conciencia cristiana compartida: «*Señor Presidente, ¿cómo podemos hablar de progreso cuando millones de latinoamericanos mueren de hambre mientras sus recursos son exportados para alimentar guerras lejanas?*». Johnson, un baptista devoto, recibió la carta en un momento de crisis moral por Vietnam; aunque no respondió públicamente, el documento circuló en ámbitos diplomáticos y contribuyó a presionar por una revisión de la política exterior de EE.UU. en la región. Dom Hélder, fiel a su regla no violenta, cerraba con una oración por la paz, invitando al presidente a «*ser magnánimo, como el Padre celestial*».

Durante su gira europea para recaudar fondos contra la pobreza en Brasil, Dom Hélder se dirigió al líder socialdemócrata Brandt, pionero de la «Ostpolitik» (política de distensión con el Este). En su misiva, vinculaba la división de Alemania con la brecha Norte-Sur: «*Si Europa puede tender puentes sobre el Muro de Berlín, ¿por qué no puede tenderlos sobre el abismo de la miseria en América Latina? Que su visión de paz sea planetaria*». Brandt, conmovido, respondió invitándolo a Berlín y aumentó la ayuda alemana a proyectos de promoción humana en el Nordeste brasileño. Esta correspondencia ejemplifica la «visión planetaria» que Dom Hélder predicaba: transformar enemigos geopolíticos en aliados de la solidaridad, sin resentimientos por el pasado colonial europeo.

En un contexto de hambruna en el subcontinente indio y tensiones por la guerra de Bangladés, Dom Hélder escribió en 1970 a la primera ministra india Indira Gandhi. Desde su perspectiva gandhiana —admirador profundo de la noviolencia del Mahatma— decía la misiva: «*Sra. Gandhi, el amor a los enemigos no es debilidad; es la fuerza que liberó a su nación. Extienda esa satyagraha a los marginados de su propio pueblo*». Aunque la respuesta fue diplomática, esta carta influyó en la creación de alianzas entre el Movimiento de Países No Alineados.

En 1967, la dictadura había cerrado el Congreso, censurado la prensa, torturado a opositores y reprimido movimientos campesinos. Dom Hélder, arzobispo de Olinda y Recife desde 1964, estaba siendo vigilado por el DOPS (policía política). Dom Hélder escribió con valentía profética a Pablo VI que la Iglesia universal rompiera su silencio ante la violencia estructural y la complicidad de sectores eclesiásticos con el régimen. En la carta al Papa Pablo VI del 14 de septiembre de 1967 escribía: «*Santo Padre, la Iglesia no puede ser*

140

neutral ante la miseria; debe ser voz de los sin voz, incluso si ello significa ser tachada de subversiva». Mientras la dictadura cerraba puertas, Dom Hélder abría corazones. Ese mismo año, fundó el Movimiento de Educación de Base (MEB), que alfabetizó a más de 2 millones de personas en el Nordeste usando la radio y la metodología de Paulo Freire. Dom Hélder lo explicó así: *«Educar no es llenar cabezas, sino liberar conciencias. Un pueblo que lee la realidad deja de ser manipulado»*. Y cuando le preguntaron si temía ser arrestado, respondió: *«Prefiero morir de pie, denunciando la injusticia, que vivir de rodillas, callando ante la miseria»*.

Estas correspondencias revelan a Dom Hélder no como un agitador aislado, sino como un tejedor de redes globales de conciencia. En un mundo aún marcado por divisiones —donde el resentimiento político y la polarización social alimentan conflictos—, el legado de Dom Hélder nos interpela: ¿estamos dispuestos a borrar «enemigo» de nuestro vocabulario y a rezar por quienes nos hieren? Solo así, mediante este amor desarmado y desarmante, se construye la verdadera justicia social, no sobre ruinas de venganza, sino sobre puentes de reconciliación.

Liberación de todo lo que destruye la dignidad del hombre

Dom Hélder Cámara no dejará de clamar la liberación de todos los hombres y de todo lo que encadena al hombre y destruye su dignidad sagrada: *«adoptemos, cada vez más, una nueva expresión, que sea nuestra bandera de lucha pacífica, pero segura y válida. ¡Apretemos con ambas manos la bandera de la liberación! ¡Liberación del egoísmo y de las consecuencias del egoísmo! ¡Liberación de las estructuras de esclavitud! ¡Liberación de los racismos! ¡Liberación de las guerras! ¡Liberación de la miseria, que es la peor, la más hipócrita, la más cruel de todas las guerras! ¡Liberación de las soluciones a medias, de los reformismos, del mero paternalismo! ¡Liberación del miedo y de la falsa prudencia! ... ¡Liberación como la que realizó Jesús en la cruz, para*

141

que no haya superhombres ni infrahombres, sino simplemente hombres, hijos del mismo padre, hermanados en la sangre del redentor, conducidos por el espíritu de Dios! Firmemos, pues, nuestro pacto de luchar pacíficamente por la justicia y por el amor, proclamando por tres veces: ¡Liberación! ¡Liberación! ¡Liberación!».

El obispo de los empobrecidos acogería con alegría este testimonio del final de la vida de un revolucionario marxista: Vladímir Ilich Lenin. Como todos sabemos, Lenin era ateo a más no poder, pero enseguida se propagó una declaración del revolucionario moribundo que parecía representar una descalificación de toda su obra. *«Nos harían falta diez Franciscos de Asís...».*

En presencia de un ex-sacerdote húngaro, periodista y colega suyo en París, y confidente suyo, seguro de su muerte inminente —como habían asegurado los médicos— Lenin dijo: «*Me he equivocado. Sin duda ha sido necesario liberar a masas de personas de la represión, pero nuestros métodos han tenido como consecuencia la opresión y la terrorífica masacre de otros oprimidos».* Dirigiéndose al amigo húngaro, prosiguió: *«Tú sabes que mi enfermedad me llevará pronto a la muerte, y me siento abandonado en un océano de sangre y de interminables víctimas. Eso ha sido necesario para salvar a nuestra Rusia, pero es demasiado tarde para cambiar ahora: nos harían falta diez Franciscos de Asís»*[18].

Felices seréis... Así persiguieron a los profetas de antes

En 1970, desde París, Dom Hélder Cámara denunció ante el mundo la política de torturas del régimen militar brasileño, destacando especialmente el caso del sacerdote dominico Tito de Alencar, forzado al suicidio tras atroces

---

[18] Título original: Il "mea culpa" di Lenin. (*Avvenire*, 12-7-2007) Autor: Paolo Vicentin (traducción del italiano: Fratefrancesco.org: http://www.fratefrancesco.org/lit/pens/lenin.htm)

sufrimientos. A partir de entonces, la dictadura desató contra él una persecución implacable: censuró todas sus intervenciones en prensa, lo acosó con llamadas amenazantes y, el 25 de octubre de 1968, ametralló su residencia en Recife.

El momento más doloroso llegó la noche del 26 de mayo de 1969, cuando secuestraron a uno de sus colaboradores más cercanos: el padre Antonio Henrique Pereira Neto, profesor de sociología, de 28 años y apenas tres de ordenado. Dom Helder exclamó: *«Que el holocausto del padre Antonio Henrique obtenga de Dios la gracia de que se continúe el trabajo por el cual él dio su vida y la conversión de sus verdugos», «Se trata de la muerte de un sacerdote que se sabía amenazado de muerte y sin embargo proseguía su vida normal»*.

El episcopado sostiene que el padre ha sido torturado y ante su muerte ha sido abandonado (¿por la policía?). El Comando de Caza de Comunistas lo torturó, mutiló, castró y ejecutó con una bala en la garganta y tres en la cabeza. Al amanecer del 27 de mayo, su cuerpo fue abandonado a la intemperie y exhibido públicamente. Se prohibió publicar ninguna referencia al suceso y se prohibió toda mención al crimen. Las parroquias anunciaron de viva voz el crimen; cerca de veinte mil personas acompañaron el féretro en un entierro presidido por monseñor Hélder Cámara. Solo su proyección internacional y su visibilidad pública lo preservaron de convertirse en mártir. Organizaciones estadounidenses lo propusieron para el Nobel de la Paz y recibió numerosos reconocimientos mundiales.

Estas palabras escritas en su libro *El desierto es fértil* reflejan esta realidad de persecución y sufrimiento que él mismo sufrió en gran medida. *«No nos olvidemos de que mientras se sigue muriendo o matando por y para el comunismo o el anticomunismo, los imperios capitalistas y los imperios comunistas bien que se ponen de acuerdo cuando sus intereses lo aconsejan... Para asegurar la paz, no queda más salida que superar el asistencialismo y querer de verdad la justicia. Y es ahí donde tantos están tropezando hoy».*

El Concilio Vaticano II, al que contribuyeron hombres como Dom Hélder, dejó muy claro esto: *«Satisfacer ante todo las exigencias de justicia, de modo que no se ofrezca como ayuda de caridad lo que se debe a título de justicia; suprimir las causas, y no sólo los efectos de los males, y organizar la ayuda de modo que quienes la reciben se liberen paulatinamente de la dependencia externa y lleguen a ser autosuficientes...».* Y prosigue el profeta de la violencia pacífica: *»Porque aquel que se conforma con pedir a los poderosos ayuda para los pobres, o quien comienza a ayudar a los pobres en un inicio de promoción humana, pero sin llevar su "imprudencia" y su "audacia" hasta el extremo de hablar de derechos o exigir la justicia, es un hombre admirable y un santo; pero quien haya optado por la justicia y por un cambio de las estructuras que están reduciendo a la esclavitud a millones de hijos de Dios, que se prepare a ver su pensamiento deformado, a ser objeto de difamaciones y calumnias, a perder todo su prestigio ante los gobernantes y los poderosos, incluso tal vez a ir a la cárcel y ser torturado, y hasta puede que eliminado... Pero ¿cómo olvidar que conocer tal suerte es vivir la octava bienaventuranza?: Felices seréis, cuando os insulten y os persigan y cuando mientan diciendo todo lo malo contra vosotros por mi causa. Alegraos y estad contentos, porque vuestra recompensa será abundante en los cielos. Pues así persiguieron a los profetas de antes de vosotros».*

Corrieron rumores en Brasil, por aquel tiempo, de que una organización, ligada a determinados grupos económicos, lo pensaba eliminar, y no precisamente en un atentado, sino mediante accidente simulado. En Brasil, los grupos más simpatizantes del arzobispo temían que una mano armada acabe, como en el caso de Gandhi o como sucedió a Martin Luther King, con el grito insobornable y esperanzador de este profeta del tercer mundo. Él, sin embargo, con su habitual gracejo, que nunca pierde, ha manifestado en varias ocasiones: *«No tengo tiempo de morir en un atentado. Pero podría suceder. Sería,*

144

desde luego, un privilegio morir como Gandhi, como Luther King. Sólo pido una cosa: no seamos trágicos, ni mucho menos románticos...».

Movimientos populares de empobrecidos. Organizando la esperanza

Dom Hélder Cámara parece haber sido llamado a inspirar los Encuentros Mundiales de Movimientos Populares convocados en el Vaticano alrededor de los ejes tierra, techo y trabajo[19]. Si el obispo de los desposeídos viviera hoy, se alegraría sin duda al ver al papa Francisco reunido con los descartados, esos «poetas sociales» que él mismo alentó toda su vida.

El discurso y la práctica sobre los derechos humanos y la tierra en Brasil tiene sujetos muy concretos, entre ellos destacan dos, el MST (Movimiento de los Sin Tierra) y la CPT (Comisión Pastoral de la Tierra). Para comprender la formación social del MST, se ha de tener en cuenta el surgimiento de la CPT (Comisión Pastoral de la Tierra) y las Comunidades Eclesiales de Base, semilleros que Dom Hélder impulsó con pasión en los años setenta. Las CEBs animaron la organización de mujeres, jóvenes, precaristas, desempleados, sin tierra y sin techo. La CPT enseñó a los campesinos que no bastaba con exigir la reforma agraria: había que comenzarla, y sobre todo cuestionar el modelo económico neoliberal, dependiente y excluyente que el FMI impuso al país[20].

El papa Francisco fue el primer papa que convocó en Roma encuentros protagonizados por los pobres mismos —

---

[19]Recomendamos la lectura de Sembradores de Cambio. Papa Francisco. Encuentro y solidaridad (2022)

[20] Cástor M.M. Bartolomé Ruiz. El Movimiento de los Sin Tierra en Brasil. Universidad de Deusto. Instituto de Derechos Humanos

no por ONG que actúan en su nombre— para reflexionar sobre su papel, sus reivindicaciones esenciales («las tres T»: tierra, techo, trabajo) y el horizonte de su lucha: paz y ecología, transformación radical de un sistema «que no aguanta» y revitalización de la democracia.

En el primer encuentro dijo: «*Yo los acompaño de corazón en ese camino. Digamos juntos desde el corazón: ninguna familia sin vivienda, ningún campesino sin tierra, ningún trabajador sin derechos, ninguna persona sin la dignidad que da el trabajo. Queridas hermanas y hermanos: sigan con su lucha, nos hacen bien a todos. Es como una bendición de humanidad*».

En Bolivia, el segundo, subrayó que los movimientos populares son creadores y protagonistas del cambio; poetas sociales con dos tareas urgentes: una economía al servicio de los pueblos y la unión de estos pueblos en un camino de paz. La esperanza —insistió— no está en los poderosos, sino en los pobres organizados.

En el tercero, aterrizó en la acción política desde abajo, alertando contra dos tentaciones: dejarse encorsetar por ideologías o corromperse. Propuso como antídoto el servicio, la solidaridad y la humildad.

En el mensaje a los reunidos en California invocó al buen samaritano: reconocer al otro como prójimo, sanar las heridas que causan el sistema económico y los fundamentalismos.

En *Soñemos juntos. El camino a un futuro mejor* (conversaciones con Austen Ivereigh), Francisco recuerda el origen porteño de estos encuentros: las eucaristías contra la trata de personas que Bergoglio celebraba en la plaza Constitución.

El papa León XIV, en su carta apostólica *Dilexi te*, profundiza esta visión al reconocer explícitamente a los movimientos populares como sujetos históricos de la lucha cristiana por la justicia: «*Debemos reconocer también que, a lo largo de la historia cristiana, la ayuda a los pobres y la lucha por sus derechos no han implicado sólo a los individuos, a algunas familias, a las instituciones o a las comunidades religiosas. Han existido, y existen, varios movimientos populares, integrados por laicos y guiados por líderes populares, muchas veces bajo sospecha o incluso perseguidos. Me refiero a un "conjunto de personas que no caminan como individuos sino como el entramado de una comunidad de todos y para todos, que no puede dejar que los más pobres y débiles se queden atrás. [...] Los líderes populares, entonces, son aquellos que tienen la capacidad de incorporar a todos. [...] No les tienen asco ni miedo a los jóvenes lastimados y crucificados". Estos líderes populares saben que la solidaridad también es luchar contra las causas estructurales de la pobreza, la desigualdad, la falta de trabajo, la tierra y la vivienda, la negación de los derechos sociales y laborales. Es enfrentar los destructores efectos del imperio del dinero [...]. La solidaridad, entendida en su sentido más hondo, es un modo de hacer historia y eso es lo que hacen los movimientos populares».* Por esta razón, cuando las distintas instituciones piensan en las necesidades de los pobres se requiere *«que incluyan a los movimientos populares y animen las estructuras de gobierno locales, nacionales e internacionales con ese torrente de energía moral que surge de la incorporación de los excluidos en la construcción del destino común».* Los movimientos populares, efectivamente, nos invitan a superar *«esa idea de las políticas sociales concebidas como una política hacia los pobres pero nunca con los pobres, nunca de los pobres y mucho menos inserta en un proyecto que reunifique a los pueblos».* Si los políticos y los profesionales no los escuchan, *«la democracia se atrofia, se convierte en un nominalismo, una formalidad, pierde representatividad, se va desencarnando porque deja afuera al pueblo en su lucha cotidiana por la dignidad, en la construcción de su destino. Lo mismo se debe decir de las instituciones de la Iglesia».*

Una nueva cultura del Encuentro y la Solidaridad

Dom Hélder, obispo y poeta social, lo anticipó en *Sinfonía de los dos mundos*: «*Quien tiene ojos para ver y oídos para oír, descubre, no obstante, signos de esperanza. Los débiles descubren que se hacen fuertes, e invencibles en la medida en que se juntan, en que se unen; no para pisotear los derechos de los demás, sino para impedir que sean pisoteados sus derechos fundamentales, que no son un regalo de los gobiernos o de los poderosos. ¡Ellos son un regalo del Creador y Padre! (...) Él quiere enseñar a unir las comunidades de base, esas primeras legiones venidas del mundo pobre. Él quiere enseñar a unirlas a esos hombres nuevos, surgidos del mundo rico, para que forjen mañana, un mundo respirable, más justo y más humano. Es el espíritu del Señor quien sopla. Él dice: El amor, el amor más fuerte que el odio. El amor vencerá al odio. (...) Es cierto, Señor, es medianoche. ¡Pero cómo olvidar que tanto más bella es la aurora cuanto la noche es más oscura!*»[21].

Este signo de esperanza se manifestó en el V Encuentro Mundial de los Movimientos Populares, celebrado en Roma del 21 al 24 de octubre de 2025. En la audiencia con el Papa León XIV, don Mattia Ferrari, uno de los coordinadores del Encuentro recordó que «*los movimientos populares están formados por los excluidos y oprimidos que se organizan para luchar contra las injusticias y practicar la solidaridad*». Y resaltó que «*ellos hacen realidad otro mundo posible, lo construyen con humildad y perseverancia a partir de la vida y las comunidades*». También señaló que «*muchos movimientos populares se han encontrado en su camino con la Iglesia y han comprendido que era posible y hermoso caminar juntos*». Y agregó: «*El Papa Francisco quiso llevar este camino a la Iglesia universal, porque sabía que la sociedad, la política, la economía e incluso la Iglesia deben escuchar e involucrar a los movimientos populares para*

---

[21] En este enlace puede verse el audiovisual de *Sinfonía de los dos mundos*: https://solidaridad.net/sinfonia-de-dos-mundos-poesia-de-Hélder-camara/

hacer del mundo un lugar verdaderamente humano, solidario y fraterno. El proceso iniciado en 2014 continúa», recordando el I Encuentro de los Movimientos Populares que se celebró ese año, también en Roma, impulsado por Francisco.

Guadalupe, una inmigrante mexicana en Estados Unidos, tomó la palabra en nombre de todos los participantes del Encuentro para agradecer al Papa y mostrarle el compromiso de los movimientos populares *«por avanzar hacia una cultura de la vida, una cultura del encuentro, una cultura samaritana que ayude a toda la humanidad a encontrar caminos de paz para una vida digna»*. También recordó a todos aquellos *«a quienes les fue arrebatada la vida por luchar por los sagrados derechos a la tierra, el techo y el trabajo»*. Y señaló: *«Venimos cargados y cargadas de dolor, con gritos de dolor de nuestros pueblos y de nuestra casa común. Pero también vivimos una resistencia esperanzada, porque creemos en el valor de la solidaridad y de las alianzas fraternas. No queremos participar de la narrativa de la globalización de la impotencia: nuestro compromiso, por humilde que sea, transforma realidades de sufrimiento»*. También reivindicó la cultura de la paz y la noviolencia y se dirigió al pontífice directamente: *«Anhelamos el sueño compartido de una paz desarmada y desarmante»*.

León se puso en pie y aplaudió su intervención. Guadalupe destacó también la primera Peregrinación Jubilar de los Movimientos Populares, que el sábado 25 octubre cruzó la Puerta Santa de la Basílica de San Pedro. Y recordó las palabras que les dedicó el cardenal Michael Czerny: *«Nos dice que "es una celebración de una visión, de una declaración, de un mundo en el que nadie viva sin comida ni agua, ninguna familia sin alojamiento, ningún trabajador rural sin tierra, ningún obrero sin derechos, ningún pueblo sin soberanía, ningún individuo sin dignidad, ningún niño sin infancia, ningún joven sin futuro, ningún anciano sin una vejez venerable"»*.

El Papa León XIV: Los Movimientos populares, antídoto contra la indiferencia[22]

Pueblos empobrecidos, saqueados, llevados a la miseria; migrantes vulnerables, víctimas de abusos y tratados como basura. A esto se suma la proliferación desenfrenada de drogas, tanto antiguas como nuevas (como el fentanilo); inundaciones, tsunamis y terremotos que exponen la crisis climática; el lucro, cada vez más idolatrado, al igual que el culto al cuerpo y al bienestar físico. Y, de nuevo, una justicia que parece estar fallando; nuevas tecnologías que incrementan el progreso tanto como la desigualdad; desempleo, marginación, explotación; una tendencia general deshumanizante de injusticias sociales, y la creciente brecha entre una pequeña minoría —el 1% de la población— de ricos y la gran mayoría de pobres. El Papa León XIV dibuja un retrato impregnado de amargo realismo de la época actual en su discurso a los Movimientos Populares. Unas dos mil personas estaban presentes en el Aula Pablo VI para escuchar al Papa León XIV. Entre ellas, representantes de las «periferias» de todos los continentes: pobres. A ellos León XIV les dijo: *«Haciéndome eco de las peticiones de Francisco, hoy digo: Tierra, techo y trabajo son derechos sagrados, por los que vale la pena luchar, y quiero que me escuchen decir: "¡Estoy con ustedes!, ¡Estoy con ustedes!».* «*Los Estados tienen el derecho y el deber de proteger sus fronteras, pero esto debe equilibrarse con la obligación moral de brindar refugio»*, afirmó

---

[22] Recomendamos la lectura completa de este discurso de León XIV a los participantes en el Encuentro Mundial de los Movimientos Populares, 23 de octubre de 2025:
https://www.vatican.va/content/leo-xiv/es/speeches/2025/october/documents/20251023-movimenti-popolari.html

León XIV. Y condenó el *«abuso de migrantes vulnerables»*, en el que *«no estamos presenciando el ejercicio legítimo de la soberanía nacional, sino graves crímenes cometidos o tolerados por el Estado»*. *«Se están tomando medidas cada vez más inhumanas –incluso políticamente celebradas– para tratar a estos "indeseables" como si fueran basura y no seres humanos»*.

Con igual fuerza, León XIV señala el impacto negativo del desarrollo tecnológico en la salud, la educación, el empleo, el transporte, la urbanización, las comunicaciones, la seguridad y la defensa. En primer lugar, destaca la «paradoja» de la falta de tierra, alimento, vivienda y trabajo para millones de personas, mientras que *«los teléfonos celulares, las redes sociales e incluso la inteligencia artificial están al alcance de millones»*. Esto incluye a los pobres. *«Asegurémonos de que cuando se satisfagan necesidades más sofisticadas, no se descuiden las fundamentales»*.

También en este discurso histórico criticó el desarrollo de nuevas tecnologías de la información y las telecomunicaciones basadas en la extracción de minerales del subsuelo de países pobres. El coltán en la República Democrática del Congo, por nombrar solo un caso, cuya extracción *«depende de la violencia paramilitar, el trabajo infantil y el desplazamiento de población»*. O el litio, el *«oro blanco»* que alimenta la competencia entre grandes potencias y corporaciones y representa *«una grave amenaza para la soberanía y la estabilidad de los estados pobres»*, con empresarios y políticos *«alardeando de promover golpes de Estado y otras formas de desestabilización política»* solo para apoderarse de él.

El panorama es devastador, pero el Papa León se siente alentado. Le anima ver cómo los movimientos populares, la sociedad civil y la Iglesia se enfrentan a *«estas nuevas formas de deshumanización, testimoniando constantemente que quienes lo necesitan son nuestro prójimo, nuestros hermanos y hermanas»*. *«Esto os convierte en campeones de la humanidad, testigos de la justicia,*

151

poetas de la solidaridad». «*La Iglesia debe estar con ustedes: una Iglesia pobre para los pobres, una Iglesia en salida, una Iglesia que se arriesga, una Iglesia valiente, profética y alegre».*

Lo importante es que el servicio esté siempre inspirado por el amor, «la mayor virtud de todas». De hecho, afirma Robert Francis Prevost —basándose también en su experiencia misionera en Perú—, «*cuando se forman cooperativas y grupos de trabajo para alimentar a los hambrientos, albergar a los sintecho, rescatar a los náufragos, cuidar a los niños, crear empleos, acceder a tierras y construir viviendas, debemos recordar que no estamos participando en ideologías, sino que estamos viviendo verdaderamente el Evangelio».* En el corazón del Evangelio se encuentra, de hecho, «*el mandamiento del amor».* Por eso, los movimientos populares, incluso antes de la exigencia de justicia, deben estar «*impulsados por el deseo de amor, contra todo individualismo y prejuicio».* Todo esto, subraya el Papa, «*es un antídoto contra la indiferencia estructural que se está extendiendo».* Si Francisco hablaba de una «globalización de la indiferencia», León XIV se refiere a una «globalización de la impotencia». A esta debe contrarrestarse una «*cultura de la reconciliación y el compromiso»: «Los movimientos populares llenan este vacío creado por la falta de amor con el gran milagro de la solidaridad, fundada en el cuidado de los demás y en la reconciliación».*

León XIV anima entonces al trabajo y la acción: «*Hoy quisiera explorar con ustedes "cosas nuevas", empezando por las periferias».* Porque desde las periferias, «*las cosas parecen diferentes»,* mientras que «*desde el centro, hay poca conciencia de los problemas que afectan a los excluidos, y cuando se discuten en los debates políticos y económicos, da la impresión de que se trata de algo secundario».* «*Las periferias a menudo claman justicia, y ustedes claman no "por desesperación", sino "por deseo"»,* añade el Pontífice. «*El suyo es un clamor por buscar soluciones en una sociedad dominada por sistemas injustos. Y no lo hacen con microprocesadores ni biotecnología, sino en el nivel más básico, con la belleza de la artesanía».*

También nuestro nuevo papa León XIV habló del vacío ético creado por la crisis de los sindicatos del siglo XX, cada vez más reducidos, y por los sistemas de seguridad social que han hecho a los pobres aún más vulnerables y desprotegidos. *«Las instituciones sociales del pasado no eran perfectas, pero al eliminar gran parte de ellas y adornar lo que queda con leyes ineficaces y tratados incumplidos, el sistema hace a los seres humanos más vulnerables que antes»*, señala el Papa. Por lo tanto, los movimientos populares, junto con los creyentes y los gobiernos, *«están llamados urgentemente a llenar ese vacío, iniciando procesos de justicia y solidaridad que se extiendan a toda la sociedad»*. *«Así como la Iglesia apoyó en el pasado la formación de sindicatos, hoy debemos apoyar los movimientos populares»*, asegura el Sucesor de Pedro: *«La Iglesia apoya sus justas luchas por la tierra, la vivienda y el trabajo. Al igual que mi predecesor Francisco, creo que los caminos correctos empiezan desde abajo y de la periferia hacia el centro. Sus numerosas y creativas iniciativas pueden transformarse en nuevas políticas públicas y derechos sociales»*.

Este histórico V Encuentro de los Movimientos Populares concluyó con una Declaración conjunta firmada por organizaciones de base de todo el planeta. En ella, los participantes —campesinos, cartoneros, costureras, pescadores, artesanos y otros trabajadores humildes— reafirman la necesidad de respetar los derechos a la tierra, el techo y el trabajo como base de la justicia social, en un contexto de desigualdades crecientes, más de 50 conflictos armados activos, precariedad laboral, migraciones forzadas, odio hacia los pobres, incendios forestales, contaminación y sobreexplotación de recursos por un modelo depredador.

Recordando el proceso iniciado en 2014 con el apoyo del papa Francisco, celebraron el respaldo del papa León XIV, quien en la audiencia del 23 de octubre de 2025 les aseguró su acompañamiento: *«Ahora, el pontífice nos ha asegurado que está con nosotros, animándonos a perseverar en la misión de llevar la esperanza a las periferias».* El Pontífice les invitó a reflexionar sobre: *«Las cosas nuevas que se ven desde la periferia y vuestro esfuerzo, que no se limita a protestar, sino que también busca soluciones».*

Así, las organizaciones plantean una serie de estrategias y herramientas que ayudarán a fortalecer a los movimientos populares, a profundizar su vínculo con la Iglesia, a satisfacer las necesidades materiales de quienes viven en las periferias y a renovar la faz de la tierra. Proponen, entre otras cosas, *«comprometerse con acciones estructurales, económicas y políticas que nos unan»,* como el derecho al trabajo digno y seguro, los derechos laborales y sociales universales, la paz unida a la justicia social, la soberanía económica, que pasa por *«la cancelación de las deudas externas ilegítimas que ahogan a nuestros países y condicionan las políticas públicas en favor del puebl».* También reclaman igualdad de género, derechos para los migrantes y democracia popular *«para disputar las decisiones a las élites económicas y financieras que hoy secuestran la democracia».* Y claman por una justicia ecológica y soberanía sobre los bienes comunes, para *«enfrentar la crisis climática desde la perspectiva de los pueblos, rechazando el modelo extractivista y las falsas soluciones que mercantilizan la naturaleza».*

Se han comprometido, además, a fortalecer el vínculo de los movimientos populares con la Iglesia y a llevar a sus comunidades el mensaje del Papa. *«Queremos promover nuevas formas de presencia y testimonio, que ayuden a despertar la conciencia de amplios sectores de nuestros países e inspiren a más personas»,* subrayan.

Y termino con estas palabras escritas por Dom Hélder Cámara en su *libro La revolución de los no-violentos,* con este deseo hacia los movimientos comprometidos con la Paz, la Justicia y la noviolencia: *« ...de todos modos me inquieta el que hasta hoy los movimientos de los no-violentos no hayan encontrado todavía el modo de cambiar las estructuras. Dios conoce mi vinculación con Martin Luther*

King y sus sucesores. *Todas las organizaciones de los no-violentos deberían reunirse, a escala mundial, para hacer un serio examen de conciencia común. Ninguna organización pacífica debería contentarse con pequeñas reformas, sino exigir el cambio de las estructuras, no sólo en los países subdesarrollados sino incluso en aquellos que ya han alcanzado su desarrollo».*

Dom Hélder Cámara nos recuerda *«que hoy, para alegría nuestra, la Iglesia llama la atención, no solamente sobre los pecados personales, también por los pecados sociales. Cuando se sabe que 50 millones de personas murieron de hambre, eso es un pecado de todos nosotros. Tenemos que unirnos para conseguir un mundo más respirable, más justo y más humano».*

LA VERDAD

No le tengas miedo a la verdad
porque por dura que pueda parecerte
y por hondo que te hiera,
sigue siendo auténtica.
Naciste para ella.
Sal a su encuentro,
dialoga con ella,
ámala,
que no hay mejor amiga,
ni mejor hermana.

«¿Qué sería del mundo sin soñadores?
Limitémonos a un ejemplo:
cuando siguiendo las huellas de Julio Verne los "tebeos"
empezaron a hablar del Fantasma-volador
de los viajes espaciales,
los niños vibraban y los adultos nos sentíamos irritados,
persuadidos de que la imaginación infantil era extralimitada
con fantasías absurdas...
Cuando los primeros satélites fueron puestos en órbita
y el hombre dio comienzo, tras el alunizaje,
a sus andanzas por el espacio,
los niños, gracias a los soñadores,
estaban mucho mejor preparados para vivir la era espacial...
Los audaces de hoy preparan las actitudes normales de mañana...
Los excesos de audacia han sido menos peligrosos
que los excesos de prudencia»

Hélder Cámara
(Entrevista a *L'Express*, París, 15-21 de junio de 1970)

156

ANEXO 1:

LA REVOLUCIÓN DE LOS JUSTOS

(Presentamos aquí un extracto de una de las mejores entrevistas que le han realizado a Dom Hélder. En un reportaje concedido a la periodista Oriana Fallacci, el *arzobispo rojo* más famoso del mundo se define contra todos los modelos socialistas existentes y predica la violencia pacífica para lograr un orden social más justo[23]. Lo que sigue aparece en este reportaje)

Es Dom Hélder Cámara, el arzobispo que desafía al gobierno, denuncia las injusticias que otros callan y que tiene las agallas suficientes como para predicar el socialismo y negar, al mismo tiempo, la necesidad de la violencia. Deberían darle, este año, el Premio Nobel de la paz: su nombre ya ha sido propuesto por el Congreso de Jóvenes Obreros y Empleados Cristianos Alemanes.

Los diarios brasileños no piensan lo mismo. Debido a que en París denunció las torturas infligidas a los presos políticos, esos diarios lo llaman «traidor», «difamador», «demagogo». El gobierno lo considera un peligro público y vigila atentamente cada uno de sus gestos y cada una de sus entrevistas. El pueblo lo adora. La gente se vuelca a él como a un padre que jamás rechaza, que recibe a cualquier hora del día y de la noche. Si no está en su casa de Recife quiere decir que fue a visitar a un preso o a uno de esos desheredados que pululan en los tugurios donde la gente muere —de hambre— antes de llegar a los 40 años. Porque no ahorra sus ataques a nadie, ni a católicos ni a marxistas, ni a imperios capitalistas ni

---

[23]Publicado en la revista, *Siete Días Ilustrados*, 5-10-1970, Editorial Abril, Buenos Aires, Argentina.

a imperios comunistas. Pero tampoco deja de lado a los fascistas, que fustiga a sangre, con la ira de un Cristo decidido a echar a los fariseos del templo. Tiene 61 años. Nació en Fortaleza, en el nordeste del Brasil. Su padre era un contable aficionado al periodismo y su madre maestra. No conoció jamás la riqueza: cinco de sus hermanos murieron siendo niños, en el trascurso de pocos meses, a causa de la disentería y la falta de cuidados. La vocación sacerdotal brotó en él a los ocho años. Y su historia es la de un sacerdote, de un sacerdote que —sin saberlo y sin quererlo— asume contornos de líder. Lo demuestra esta entrevista que tuvo lugar en su casa: dos cuartos desnudos y una especie de hamaca para dormir cuatro horas de cada veinticuatro. Dice que le bastan.

—Corre la voz, Dom Hélder, que el Papa le llama «mi arzobispo rojo».

—El Papa sabe muy bien lo que hago y lo que digo. Cuando denuncio las torturas en Brasil, el Papa lo sabe. Cuando combato por los pobres y los presos, el Papa lo sabe. Cuando viajo al exterior a pedir justicia, el Papa lo sabe. Mis opiniones las conoce desde hace mucho, porque hace mucho que nos conocemos: desde 1950, cuando él era secretario de Estado. No le escondo nada y nunca le escondí nada. Y si el Papa pensara que hago mal en hacer lo que hago y me dijera que dejara de hacerlo, yo lo dejaría. Porque soy un siervo de la Iglesia y conozco el valor del sacrificio. Pero el Papa no me dice que abandone mi tarea y si me llama su «arzobispo rojo», lo dice afectivamente. Además, las torturas han sido también denunciadas por la comisión pontificia; el mismo Papa las condenó y su condena cuenta mucho más que la de un pobre sacerdote que no mete miedo a nadie en el Vaticano.

—Un pobre sacerdote que llenó el Palacio de los Deportes de París hablando de torturas.

—...Por ejemplo, recordé el caso del estudiante Luis de Lesdeiros, a quien le hicieron tantas cosas horribles que intentó suicidarse. Dos torturas normales aquí son arrancar las uñas y golpear los testículos.

—Usted ha sido atormentado por las amenazas.

—Amenazas de muerte, ráfagas de ametralladoras, bombas, telefonazos anónimos y calumnias dirigidas al Vaticano. En Brasil existe un movimiento de extrema derecha llamado Familia y Propiedad. La gente de este movimiento se acercaba a los feligreses que iban a la iglesia y le preguntaban: «¿Estás contra el comunismo o a favor?». La gente respondía que contra el comunismo, naturalmente, y de esta manera recogían firmas y luego se las enviaban al Papa para pedirle que sacara «a ese comunista de Dom Hélder». El Papa nunca les llevó el apunte y yo tampoco. Pero luego salió un movimiento clandestino, una especie de *Ku Klux Klan* brasileño llamado Comando de Caza contra los Comunistas o CCC. Este CCC me ha hecho el honor varias veces; dos veces aquí, en casa, donde arruinaron las paredes a tiros de ametralladora y ensuciaron la pared de la iglesia; una vez en el palacio arzobispal, una vez en un instituto católico y otra vez en otra iglesia a la que acostumbro a concurrir. Pero nunca me agarraron. En cambio, a un estudiante que conozco lo ametrallaron en la columna y ahora está paralizado para toda la vida. Un colaborador mío, de 27 años, fue ahorcado de un árbol y acribillado a balazos. Estas cosas, en Recife, ya no causan estupor.

—¿No causan estupor?

—No, igual que las amenazas telefónicas. Yo ya me habitué. Me llaman de noche, a intervalos de media hora o una hora, y me dicen: «Sos un agitador, un comunista, prepárate a morir, ahora vamos y te haremos ver el infierno». ¡Qué tontos! No les respondo siquiera. Sonrío y cuelgo el teléfono. Durante el Campeonato Mundial de Fútbol me dejaron tranquilo un poco: en esos días no pensaban en otra cosa que en el fútbol.

Pero luego recomenzaron. No han comprendido que matarme no les servirá de nada: sacerdotes como yo hay miles.

—¿Usted es socialista?

—Es verdad que lo soy. Dios creó el hombre a su imagen y semejanza, para que fuese su co-creador y no un esclavo. ¿Cómo se puede aceptar, entonces, que la mayoría de los hombres sean usados y vivan como esclavos? Yo no veo ninguna solución en el capitalismo. Pero no la veo tampoco en los ejemplos socialistas que se ofrecen en la actualidad, porque se basan en dictaduras. Sí, la experiencia marxista es asombrosa. Admito que la URSS ha tenido gran éxito cambiando sus estructuras, admito que la China roja ha quemado etapas de un modo extraordinario. Pero cuando leo lo que sucede en la URSS, en la China roja, las purgas, las delaciones, los arrestos, el miedo, les encuentro un paralelo muy grande con las dictaduras de derecha y el fascismo. Cuando observo la frialdad con que la Unión Soviética se comporta con relación a los países subdesarrollados —el caso de América latina es un ejemplo— descubro que es una frialdad idéntica a la de Estados Unidos. Algún ejemplo de mi socialismo puedo tratar de verlo, quizás, en algunos países que están fuera de la órbita rusa o china: Tanzania, quizás Checoslovaquia antes que la destruyeran. Pero ni tampoco. Mi socialismo es un socialismo especial, que respeta a la persona humana y se vuelca al Evangelio. Mi socialismo es justicia.

—¿Qué es la justicia?

—Justicia no significa imponer a todos la misma cantidad de bienes. Esto sería atroz. Sería como si todos tuvieran el mismo rostro, el mismo cuerpo, la misma voz. Creo en el derecho de tener rostros y cuerpos diferentes. Por justicia, entonces, yo entiendo una mejor distribución de los bienes, ya sea en la escala nacional como en la internacional. Existen dos colonialismos: uno interno y otro externo. Sobre este último baste decir que el 80 por ciento de los recursos del planeta

160

están en manos del 20 por ciento de los países; en los últimos quince años, los EE. UU. han ganado en América latina más de once mil millones de dólares: son cifras de la Universidad de Detroit. Para demostrar el colonialismo interno basta ocuparse del Brasil. En mi país existen zonas tales que definirlas como subdesarrolladas sería generoso: allí los hombres viven como en los tiempos de las cavernas y son felices de poder comer lo que encuentran en la basura. ¿Y a esta gente qué le puedo decir? ¿Que deben sufrir para ir al Paraíso? La eternidad comienza aquí, sobre la Tierra. no en el Paraíso.

—¿Usted leyó a Marx?

—Naturalmente. Y no estoy de acuerdo con sus conclusiones, pero estoy de acuerdo con su análisis de la sociedad capitalista. Esto, por supuesto, no autoriza a nadie a colgarme la etiqueta de marxista honorario. El hecho es que Marx debe ser interpretado a la luz de una realidad que ha cambiado, que cambia. Su análisis es de hace más de un siglo. Hoy, por ejemplo, Marx no diría que la religión es una fuerza alienada y alienante. Muchos comunistas saben esto, lo saben tipos como el francés Garaudy y no interesa si los tipos como Garaudy son expulsados del Partido Comunista: ellos existen y piensan. Los hombres de izquierda son a menudo los más inteligentes y generosos, pero viven en un equívoco. No quieren meterse en la cabeza que hay cinco gigantes en el mundo: los dos gigantes capitalistas, los dos gigantes comunistas y un quinto gigante que tiene los pies de arcilla. Este último es el mundo sub-desarrollado. Sólo los imbéciles pueden creer que los dos imperios capitalistas —que son los EE. UU. y el Mercado Común Europeo— están divididos por cuestiones ideológicas de los dos grandes comunistas, que son la URSS y China roja: simplemente se han repartido el mundo y sueñan con una segunda conferencia de Yalta para seguir repartiéndoselo. Entonces, para el quinto gigante, para nosotros, ¿dónde está la esperanza? No está ni del lado de los capitalistas ni del lado de los comunistas, ya sean rusos o chinos.

—¿Qué hay que hacer, entonces?

—Yo no tengo soluciones. Tengo opiniones, sugerencias que se resumen en dos palabras: la violencia pacífica. Esto es, no la violencia de las armas, sino la violencia de Gandhi y de Luther King: la violencia de Cristo. La llamo violencia porque no se contenta con pequeñas reformas, sino que exige una revolución completa de las estructuras actuales, sobre bases socialistas y sin derramamiento de sangre. No basta luchar por los pobres o morir por ellos; hace falta darle a los pobres conciencia de sus derechos. Hacerse comer por los leones no sirve para mucho si las masas permanecen sentadas mirando el espectáculo. Yo seré un utopista y un ingenuo, pero digo que es posible concientizar a las masas y hasta quizás abrir un diálogo con los opresores. No existe ningún hombre que sea completamente malo. ¿Y si tuviéramos la posibilidad de una conversación con los militares más inteligentes? ¿Si tuviéramos el poder de inducirlos a una revisión de su filosofía política? Habiendo sido un integralista, un fascista, yo sé cómo razonan ellos: tal vez consigamos convencerlos.

—¿Usted lo ha intentado?

—Lo intentaré. Lo intento ya ahora diciéndoselo a usted. Deben comprender que el mundo avanza. A veces me pregunto cómo es posible que personas serias y virtuosas hayan aceptado tantas injusticias. La verdad es que la Iglesia todavía pertenece al engranaje del poder. Tiene dinero y emplea su dinero en empresas comerciales y se asocia con aquellos que detentan las riquezas. ¡Que entregue el dinero y basta de predicar la religión en términos de paciencia, obediencia, prudencia, sufrimiento, beneficencia! La dignidad del hombre no se logra regalándole sandwiches. ¡Somos nosotros, los sacerdotes, los responsables del fatalismo por el cual los pobres siempre se resignaron a ser pobres y los países subdesarrollados a ser subdesarrollados!

—¡Al diablo! Dom Hélder, ¿el Papa sabe que usted dice estas cosas?

—Lo sabe, lo sabe. Y no lo desaprueba. Es que él no puede hablar ni parecido a lo que yo digo: tiene cierta gente a su alrededor. . .

—Si usted no fuera sacerdote ...

—Puede ahorrarse la pregunta: no me arriesgo ni siquiera a imaginar ser otra cosa que sacerdote. Para mí, ser sacerdote es como el agua para los peces y el aire o el sol para los pájaros. Yo, en Cristo creo de verdad. Cristo para mí no es una idea abstracta, es un amigo personal. Ser sacerdote jamás me desilusionó ni me planteó dudas. El celibato, la castidad, la ausencia de familia, todo eso, jamás ha sido una pesadilla para mí. Si algunas alegrías me faltaron, he tenido y tengo otras más sublimes. ¡Si usted supiera lo que siento cuando rezo la misa, cómo me reencuentro! La misa es para mí el verdadero calvario y la resurrección, y una loca alegría. Yo nací para ser sacerdote, comencé a sentirlo a la edad de ocho años y no porque mis padres me lo pusieran en la cabeza. Mi padre era masón y mi madre entraba en la iglesia una vez por año. Llevo un convento dentro de mí. Quizás tenga muy poco de místico, pero siempre hay un momento en el cual me aíslo a la manera de un monje; todas las noches, a las dos, me despierto, me levanto, me visto y junto los pedazos que esparcí durante el día: un brazo aquí, una pierna allí, la cabeza quién sabe dónde. Me remiendo solo, solo me pongo a pensar, o a escribir, o a rezar, o me preparo para la misa.

—Y... ¿no se le ocurre ser un poco menos monje, y enojarse con los hombres, y soñar con agarrarlos, por lo menos, a trompadas?

—Si se me ocurriera, sería un sacerdote con el fusil a la espalda. Jamás he dicho que usar las armas contra los opresores sea inmoral o anticristiano, pero no es ésa mi elección, no es mi camino. Sí, comprendo, usted no puede amalgamar lo que yo acabo de decir con lo que dije antes: de una parte el convento y de la otra la política. Pero lo que usted llama política, para mí es religión. Cristo no hacía el juego a los opresores. Yo al cielo quiero mandar hombres, no perritos. Mucho menos perritos con el estómago vacío y los testículos destrozados.

—Gracias, dom Hélder. Creo que ha dicho todo. ¿Pero qué va a suceder le ahora?

—¡Bah! Yo no me escondo, ni me defiendo y para liquidarme no hace falta mucho coraje. Si Dios quiere que me maten, lo acepto como una gracia: mi muerte, quizás, podría servir. He perdido casi todos los cabellos, los pocos que tengo son blancos y no me quedan muchos años de vida. Las amenazas no me dan miedo. Es muy difícil que con ellas me hagan cerrar el pico. El único juez que acepto es Dios.

ANEXO 2:

LA VIOLENCIA, ¿OPCIÓN ÚNICA?

(Charla pronunciada por Dom Hélder Cámara en «La Mutualité» de París el 25 de abril de 1968, como invitado de la Comunidad Católica Latinoamericana)

I.-La violencia

He aquí un tema de gran actualidad. Es cierto que la violencia existió en todas las épocas, pero quizás hoy es más masiva que nunca. Como lo recordábamos recientemente, está en todas partes, omnipresente y multiforme: brutal, abierta, sutil, insidiosa, disimulada, ciega, racionalizada, científica, condensada, solidificada, consolidada, anónima, abstracta, irresponsable...

Es fácil hablar de la violencia cuando se trata, o bien de condenarla, desde lejos, sin apelación, sin distinguir suficientemente sus aspectos ni profundizar suficientemente las causas, duras y lamentables; o bien atizarla, también desde lejos, cuando se tiene la vocación de un «Che» Guevara de salón... Lo difícil es hablar de la violencia cuando se está en pleno conflicto, cuando se ve que, muy a menudo, algunos de los más generosos y capaces de los nuestros sufren la tentación de la violencia y ya han sido conquistados por ella.

Llegaremos al diálogo. Evidentemente, aceptaré gustoso vuestras objeciones, vuestros puntos de vista, vuestras sugerencias. Pero tened la paciencia de escuchar, un instante, el pensamiento de alguien que no sólo vive en un continente en un clima pre-revolucionario, sino de alguien que, sin tener el derecho de faltar a las masas latinoamericanas, tampoco lo tiene de pecar contra la luz y contra el amor.

II.-El mundo entero necesita
   una revolución estructural

He aquí una primera observación fundamental, para comprender bien la problemática de la violencia: el mundo entero necesita una revolución estructural. En el mundo subdesarrollado, esta verdad parece una evidencia. Si se contempla el mundo subdesarrollado bajo cualquier ángulo, económico, científico, político, social, religioso, se llega a comprender que una revisión sumaria, superficial, no será en absoluto suficiente. Se debe contemplar una revisión en profundidad, un cambio profundo y rápido —no temamos la palabra—, se debe llegar a una revolución estructural.

Paulo VI decía: «*Que se nos escuche bien, la situación presente debe ser afrontada valerosamente y las injusticias que ella supone deben ser combatidas y vencidas. El desarrollo exige transformaciones audaces, profundamente renovadoras. Deben emprenderse reformas urgentes, sin ningún retardo. Cada uno debe hacerse cargo generosamente de su parte*».

En el aspecto económico, ¿quién no sabe que, en los países subdesarrollados existe el colonialismo interno, es decir, que existe un pequeño grupo de privilegiados del mismo país, cuya riqueza es mantenida gracias a la miseria de millones de conciudadanos? Es todavía un régimen semi-feudal; apariencia de vida patriarcal, pero en realidad, ausencia de los derechos de la persona, situación infrahumana y verdadera esclavitud. Los trabajadores rurales —verdaderos parias— no tienen acceso a la mayor parte de la tierra que los propietarios mantienen sin cultivar, para su valorización de mañana.

Cuando esta situación ocurre en un continente como América Latina, enteramente cristiano, por lo menos de nombre y tradición, se puede medir la responsabilidad enorme del cristianismo de la región. Sin olvidar grandes ejemplos de dedicación, sacrificio e incluso heroísmo, hay que reconocer que en el pasado —y el peligro subsiste en el presente—

nosotros, cristianos latinoamericanos, somos gravemente responsables de la situación de injusticia existente en el continente. Hemos aceptado la esclavitud de los indios y la esclavitud africana. Y ahora, ¿hemos hablado lo bastante claro y fuerte a los latifundistas de nuestro país, a los grandes, a los poderosos? ¿O cerramos los ojos y les ayudamos a mantener la conciencia limpia, una vez que han cubierto injusticias enormes mediante limosnas destinadas a construir iglesias (a menudo escandalosamente vastas y ricas, en contraste chocante con la miseria ambiente) o donativos para nuestras obras sociales? ¿No hemos dado en la práctica un aire de razón a Marx, presentando a los parias un cristianismo pasivo, alienado y alienante, realmente un opio para las masas?

Y sin embargo, el cristianismo está allí, lleno de exigencias de justicia y fraternidad. El cristianismo está allí con su mensaje de redención eterna. Porque nuestro amor por el hombre está animado interiormente de un amor que supera las dimensiones de este mundo y aporta aquí abajo un elemento radicalmente nuevo. De ahí que el cristianismo sea también como el fermento de un desarrollo integral, en el que se incluye el desarrollo económico; porque las Santas Escrituras enseñan que Dios quiso al hombre a su imagen y semejanza, le encargó dominar la naturaleza y concluir la creación.

Sabéis que en mi país, muy a menudo, me reúno con las masas y. cuando hay sequía, los pobres piensan siempre que se debe a sus pecados. ¡Pobres! Cuando hay una inundación, piensan también que la culpa es de sus pecados. Entonces, hacen procesiones. Y no solamente los fenómenos naturales, sino también las injusticias sociales: las masas las cargan a Dios. Entonces, podéis imaginaros... hay que aceptar a las masas allí donde actúan. No tenemos el derecho de ahogar la fe ingenua de nuestras gentes. Pero hay que decirles, sin embargo: Dios existe. Felizmente, Dios existe. Pero es el mismo Dios el que quiere que el hombre creado a su imagen y semejanza sea el agente de la historia. Y entonces, os digo que este problema de sequía e inundación es nuestro problema. De parte de Dios, es un problema nuestro. Y agrego que es un problema de (*inaudible*) y de vergüenza, y sobre todo agrego que, en lo que se refiere a la injusticia, no tenemos el derecho de atribuirlas a Dios. A nosotros nos toca solucionarlas aquí abajo (*este razonamiento, improvisado por Dom Hélder, está tomado directamente de la grabación en cinta magnética*).

Si nosotros, los cristianos de América Latina, asumimos otra responsabilidad frente al subdesarrollo del continente, podemos y debemos ayudar a promover cambios profundos en los dominios de la vida social, particularmente en la política y en la enseñanza.

La política no puede seguir siendo la propiedad de los privilegiados que impiden las reformas de base, o las desfiguran, o las dejan simplemente sobre el papel. La enseñanza está de tal manera alejada de las exigencias de la tecnología, siempre en la delantera, que se llega a comprender el malestar de los estudiantes de nuestro país que se burlan de las reformas universitarias que les son impuestas, superficiales, débiles, sin audacia.

Lo que digo sobre América Latina puede casi decirse acerca de todo el mundo subdesarrollado: realmente se necesita una revolución estructural.

Es menos fácil comprender que el mundo desarrollado necesita igualmente una revolución estructural. ¿No es su mismo desarrollo una prueba de que ha triunfado? ¿Por qué pensar en una revolución estructural? Contemplemos un momento, bajo el régimen capitalista y bajo el régimen socialista, las dos expresiones más válidas de desarrollo: los Estados Unidos y la Rusia soviética.

Los Estados Unidos son una demostración viva de las contradicciones internas del régimen capitalista, que llega a crear capas subdesarrolladas en el seno del país más rico del mundo (30 millones de norteamericanos viven en una situación indigna de la condición humana); que llega a promover la lucha fratricida entre blancos y negros; que, bajo el pretexto del anticomunismo, pero de hecho por sed de prestigio y de expansión de su zona de influencia, mantiene la guerra más vergonzosa que el mundo haya conocido. El sistema predominante en Estados Unidos es tan irracional en su racionalización, según se dice, que llega a crear una existencia unidimensional *de robot*, lo que lleva a jóvenes de diferentes tradiciones culturales a sentirse llamados a la construcción de una sociedad más justa y más humana, creando un nuevo contexto social para humanizar la tecnología.

La Rusia soviética se imagina guiada por el único humanismo científico, puesto que se inspira en el marxismo. En la práctica, so pretexto de defenderse del régimen capitalista, mantiene la Cortina de Hierro y el Muro de la Vergüenza; no admite el pluralismo en el seno del mundo socialista (ella y la China Roja se contemplan como dos potencias capitalistas) y considera el marxismo como un dogma intocable. Marx no alcanzó a distinguir entre la esencia del cristianismo y la debilidad de los cristianos que, en la práctica, le redujeron demasiado a menudo, realmente a una especie de opio para el pueblo. Pero ahora hay un cambio de actitud: ahora, incluso en la práctica, se trata de vivir y hacer vivir un cristianismo que no es en absoluto una fuerza alienada o alienante, sino que se encarna entre los hombres, como el Cristo. Y la Rusia Soviética no llega todavía a comprender eso.

La Rusia Soviética y los Estados Unidos acaban de demostrar, una vez más, en Nueva Delhi, una parecida incomprensión e igual mala voluntad frente al Tercer Mundo. En vano se reunió el Asia en Bangkok, y África en Argelia, y América Latina en Tequendama. En vano sigue diciendo el mundo subdesarrollado, en su carta de Argelia, que el problema de las relaciones entre los países de la abundancia y los países de la miseria no es una cuestión de asistencia, sino de justicia a escala mundial.

Las dos superpotencias, encarnaciones supremas del capitalismo y el socialismo, permanecen sordas y ciegas, bloqueadas en su egoísmo. ¿Cómo evitar que el mundo desarrollado se aleje cada día más del mundo subdesarrollado? Hoy, el 85 por ciento de los hombres; mañana el 90 por ciento, yacen en la miseria para hacer posible el super-confort del 15 por ciento ——mañana el 10 por ciento de los poseedores— ¿Quién no comprende entonces la exigencia de una revolución estructural en el mundo desarrollado?

III.-La violencia esta ya instalada en el mundo

En el momento de preguntarnos si la revolución estructural que el mundo necesita supone, necesariamente, la violencia, hay que observar que la violencia ya existe, y que suele ser ejercida algunas veces, sin saberlo, por los mismos que la denuncian como un azote para la sociedad...

Existe en el mundo subdesarrollado: las masas en situación infrahumana son violentadas por pequeños grupos de privilegiados, de poderosos. Es sabido que si las masas piensan en convertirse en pueblo y hacen un esfuerzo de educación de base o de cultura popular, si se organizan en sindicatos o cooperativas, sus líderes son calificados de subversivos y comunistas. Se ha dicho de una manera muy justa: *«Se muestran rebeldes al desorden establecido; se les pone fuera de la ley... Deben desaparecer para que reine el orden...»* ¡El orden-desorden!

En cuanto al «derecho», se convierte demasiado a menudo en herramienta de la violencia contra los menos poderosos, o bien se reduce a bellas frases en el texto de las

170

declaraciones, como la de los Derechos Fundamentales del Hombre, de la que el mundo se apresta a conmemorar el segundo decenio. Una buena forma de festejar este aniversario por parte de la ONU sería verificar si hay algunos de esos derechos que sean verdaderamente respetados en los dos tercios del mundo...

La violencia existe también en el mundo desarrollado, del lado del capitalismo como del lado del socialismo. A este respecto hay signos de inquietud que hablan claramente:

—Los negros que pasan de la no-violencia a la violencia. El apóstol negro de la no-violencia que cae... despertando una enorme tristeza en todas las almas bien nacidas.

—Nos invade un sentimiento de horror cuando contemplamos, por un lado, a los jóvenes norteamericanos obligados a arrasar una región y a *over-kill*, «Super-matar», para salvar, según se dice, al mundo libre (pero en realidad sabemos muy bien por qué), y por otro lado, a niños casi, obligados a matar para defender sus vidas o, mejor dicho, sus sub-vidas.

—Simultáneamente, se rebelan las juventudes de Alemania Federal, Italia, España y Polonia; ¿y por qué la protesta singular de los *hippies*?

—La carrera de los armamentos se mantiene, como para opacar la carrera del espacio. Espléndida sería la gloria de nuestro tiempo si no pensáramos que los héroes de la cosmonáutica vuelan al servicio de la beligerancia, el prestigio político y militar.

—Frente a la nueva Checoslovaquia, todo el mundo nota el malestar de la Rusia Soviética que, so pretexto de salvaguardar la unidad del bloque socialista reactiva la lucha contra el capitalismo.

—La Europa del Mercado Común Europeo se siente casi tentada a no aceptar que un solo país de Europa, Suecia, tiende a figurar entre las próximas sociedades postindustriales y trata de negar que el control de su mercado le escapa ya en favor de la tecnoestructura norteamericana.

¿Otros *flashes* sobre el mundo de hoy?:

—La libra esterlina, tan sólida en otra época, debió devaluarse y la vieja reina del mar se verá quizás obligada a abandonar su espléndido aislamiento para integrarse en el continente.

—El dólar es objeto de vivas preocupaciones para nuestro querido Tío Sam, aunque su situación económica sea siempre fuerte.

—La sombra misma de la paz consigue llevar a la inquietud a millares de trabajadores que viven de la guerra y comen de la muerte.

—La automatización no es tranquilizadora y la cesantía en masa permanece como una pesadilla, incluso en países altamente industrializados y en los cuales se diría que la reubicación de los trabajadores es relativamente fácil.

—Los trust internacionales y nacionales son ya más fuertes que los estados más fuertes y consiguen hacer imposible la captura de sus gángsters encargados de la eliminación de ciertas personalidades que empezaban a hacerse demasiado incómodas. Puede decirse que esos trust son, en realidad, los verdaderos señores del mundo, los que manejan las revoluciones y las guerras.

Podéis aumentar fácilmente la lista de lo que llamo signos de inquietud, pero que son también signos de violencia, más o menos disfrazada, en el mundo capitalista y en el mundo socialista. Más indiscutible aún es la violencia de parte del mundo desarrollado hacia el mundo subdesarrollado, como lo hemos recordado a propósito del fracaso de la II Conferencia de la UNCTAD.

Frente a esta triple violencia: dentro de los países subdesarrollados; dentro de los países desarrollados; de parte de los países desarrollados contra los países subdesarrollados, se llega a comprender que se pueda hablar, pensar, actuar en términos de violencia redentora. Si los poderosos del mundo desarrollado no tienen el valor de librarse de sus privilegios y hacer justicia a millones de personas en situación infrahumana; si los gobiernos hacen reformas que permanecen en el papel, ¿cómo frenar a la juventud que se ve tentada por el radicalismo y la violencia? ¿Hasta cuándo será posible, en los países desarrollados, frenar a la juventud que, se ve tentada por el radicalismo y la violencia? ¿Hasta cuándo será posible, en los países desarrollados de los dos lados, frenar a la juventud, punta de lanza de la agitación del mañana, si se multiplican los signos de inquietud y violencia? ¿Hasta cuándo serán más poderosas las bombas nucleares que la bomba de miseria que se prepara en el seno del Tercer Mundo?

IV.-Prefiero mil veces que me maten, a matar

Permitidme el humilde coraje de tomar posición:
—Yo respeto a aquellos que, en conciencia, se sintieron obligados a optar por la violencia; no la violencia demasiado fácil de los «guerrilleros de salón», sino de aquellos que han demostrado su sinceridad con el sacrificio de sus vidas. Me parece que las memorias de Camilo Torres y Che Guevara merecen tanto respeto como la del pastor Martin Luther King.
—Acuso a los verdaderos responsables de la violencia, todos aquellos que, de izquierda o de derecha, ofenden a la justicia e impiden la paz.
—Mi vocación personal es la de un peregrino de la paz, siguiendo el ejemplo de Paulo VI: personalmente, prefiero mil veces que me maten, a matar.
Esta posición personal se funda en el Evangelio. Toda una vida de esfuerzos para comprender y vivir el Evangelio me lleva a la convicción de que si puede y debe llamarse revolucionario al Evangelio, es en el sentido de que exige una conversión de cada uno de nosotros. No tenemos el derecho

de encerrarnos en el egoísmo; debemos abrirnos al amor de Dios y al amor de los hombres. Pero basta pensar en las beatitudes, quintaesencia del mensaje evangélico, para descubrir que la opción de los cristianos parece clara: nosotros, los cristianos, estamos de parte de la no-violencia, que no es en absoluto una opción de debilidad y pasividad. La no-violencia es creer, más que en la fuerza de las guerras, las muertes y el odio, en la fuerza de la verdad, la justicia y el amor.

Si esto os parece moralismo, os pido un poco de paciencia: La opción por la no-violencia tiene sus raíces en el Evangelio, pero también se funda en la realidad. ¿Queréis realismo? Entonces os digo: si en cualquier rincón del mundo, pero sobre todo en América Latina, estallase una explosión de violencia, podéis estar seguros de que, inmediatamente, llegarán los grandes —incluso sin declaración de guerra—, las superpotencias estarán allí y tendremos un nuevo Vietnam... ¿Queréis más realismo aún?: precisamente porque necesitamos llegar a la revolución estructural, es indispensable promover antes, pero en un nuevo sentido, una «revolución cultural». Porque si las mentalidades no consiguen cambiar en profundidad, entonces las reformas de estructuras, las reformas de base, seguirán en el papel, ineficaces.

Ahora me dirijo de manera particular a los jóvenes: A los jóvenes de los países subdesarrollados les digo: ¿para qué arribar al poder si no tenéis aún modelos vuestros, adaptados a vuestros países. a sus medidas? Porque hasta ahora os han enseñado soluciones válidas quizá, pero válidas para países desarrollados. Mientras nosotros tratamos de ejercer una presión moral, siempre más valiente, sobre los responsables de la situación de nuestros países, tratad de prepararos para las responsabilidades que os corresponderán mañana y tratad de ayudar a las masas a convertirse en pueblo. Sabéis muy bien que el subdesarrollo material y físico acarrea el subdesarrollo intelectual, moral y espiritual.

A los jóvenes de los países desarrollados —de régimen capitalista y socialista— os digo: más que pensar en ir al Tercer Mundo para tratar de provocar la violencia, quedaos en vuestros hogares para ayudar a «concientizar» a vuestros países de abundancia que también necesitan una revolución cultural para hacer aflorar una nueva jerarquía de valores, una nueva visión del mundo, una estrategia global del desarrollo, la revolución del hombre.

Permitidme un comentario final, antes de abrir, gustoso, el diálogo de esta noche y responder a las preguntas que quizá deseáis plantearme. Sabéis quizá que llego de Berlín, donde me llamaron para un Congreso Mundial de las Juventudes Internacionales Católicas. Frente a esta ciudad dividida, me pregunté: ¿cómo puede Europa aceptar, en su corazón, el descuartizamiento de Berlín, símbolo de muy numerosas divisiones en el mundo entero? ¿Cómo se deja la Humanidad dividir y desgarrar entre el Este y el Oeste, y de una manera aún más grave, entre el Norte y el Sur?

Solamente los hombres que realicen en ellos mismos la unidad interior: solamente los hombres de visión planetaria y corazón universal serán instrumentos válidos para el milagro de ser violentos como los profetas, verdaderos como el Cristo, revolucionarios como el Evangelio, pero sin herir el amor.

ANEXO 3:

VIOLENCIA DE LOS PACÍFICOS

(Discurso pronunciado por Dom Hélder Cámara el 2 de octubre de 1968, en Recife, para lanzar oficialmente el movimiento «Acción, Justicia y Paz», conmemorando a la vez la apertura del año-centenario del nacimiento de Ghandi)

I.-Palabras claras hacen buenos amigos

A nadie pretendemos aludir. Partimos de algunos hechos, reconocidos públicamente por los obispos latinoamericanos reunidos el mes pasado en Medellín (Colombia):

—Ya existe, está instalada, una violencia en América Latina: la violencia de los pequeños grupos de privilegiados que mantienen a millones de hijos de Dios en una situación infrahumana.

—Para que millones de latinoamericanos no sigan vegetando y alcancen una vida propiamente humana; para que no merezcan el nombre de sub-hombres y conquisten el de hombres, no bastan reformas superficiales. Se impone la transformación de las estructuras económicas, culturales, políticas y sociales de todo el continente.

—Muchos de los Gobiernos latinoamericanos, tal vez sin notarlo y sin querer, están preparando la explosión de la peor de las bombas nucleares; peor que la bomba H: la bomba M, bomba de miseria.

—Preparan la bomba M los que se acobardan frente a los poderosos o privilegiados y pretenden que elaboran leyes de reformas estructurales, pretenden que crean órganos para ejecutarlas, pero dejan después que la situación se mantenga como está para ver cómo se mantiene.

—Preparan la bomba M los que temen la «concientización» de las masas y tratan de impedirla con la acusación, ya ahora ridícula, de subversión y comunismo.

—Preparan la bomba M los que buscan reprimir por la fuerza la protesta de los jóvenes, los trabajadores y de la propia Iglesia, en la medida en que ella se siente en la obligación humana y cristiana de prestar su voz a quienes no pueden hablar.

—Este clima de miseria se prolonga o se agrava, por cuanto los ricos se hacen más ricos. Este clima de leyes y organismos oficiales que parecen existir para eludir y despistar, está llevando a la radicalización y a la violencia a un número siempre creciente de jóvenes, casi siempre los mejores, los más idealistas y puros.

Acción, Justicia y Paz, reconoce que, en rigor, las revoluciones armadas que llegasen a estallar podrían ser consideradas guerras de liberación. Acción, Justicia y Paz no nace para tratar de acallar el **no** (*subrayado de Hélder Cámara*) de los oprimidos, sino para ayudar a imprimir al **no** de todos nosotros, a la protesta de todos nosotros, un valeroso sentido positivo, un alto y bello sentido constructivo.

Acción, Justicia y Paz no nace para ser un movimiento gris, acomodaticio y componedor, porque sabe que Dios vomita a los tibios. Quiere ser y con la Gracia Divina será la **violencia de los pacíficos.**

II.-Afirmación de principios

1. *Nombre y objetivos*

Acción, Justicia y Paz tiene como objetivo la humanización de aquellos a quienes la miseria pone en estado sub-humano y de aquellos a quienes el egoísmo deshumaniza. Para ello, se bate:

—Por el cambio gradual, pero efectivo de las estructuras socio-económicas, políticas y culturales del Brasil y de toda la América Latina.

—Por la integración nacional, manera de superar la existencia de áreas infra-humanas dentro de nuestro propio país.

—Por la integración latinoamericana, sin imperialismos internos ni externos.

Acción, Justicia y Paz es interconfesional y se abre, ampliamente, a todos los hombres de buena voluntad. Acción, Justicia y Paz entiende la práctica no-violenta como acción positiva, audaz y valerosa de inconformismo frente a las actuales estructuras del Brasil y América Latina.

2. *Programa*

La Carta Universal de los Derechos del Hombre tan lejos todavía de ser aplicada en nuestro país y nuestro continente, resume los postulados básicos de Acción, Justicia y Paz. De los 30 derechos fundamentales del hombre, proclamados solemnemente hace más de 20 años, por las Naciones Unidas, considera 3 como prioritarios:

—El art. IV: *«Nadie será mantenido en esclavitud o servidumbre. La esclavitud y el tráfico de esclavos serán prohibidos en todas sus formas».*

—El art. III: *«Todo hombre tiene derecho a la vida, la libertad y la seguridad personal».*

—El art. XXIII: *«Todo hombre tiene derecho al trabajo, a la libre elección de empleo, a condiciones justas y favorables de trabajo y protección contra el desempleo».*

Todo hombre que trabaja tiene derecho a una remuneración justa y satisfactoria que le asegure a él y su familia, una existencia compatible con la dignidad humana y a la que se agregarán, si es necesario, otros medios de

179

protección social. Todo hombre tiene derecho a organizar sindicatos y a ingresar a ellos para proteger sus intereses.

3. Líneas prácticas de acción

Acción, Justicia y Paz procurará:

—Suscitar o acompañar grupos de reflexión, de preferencia interdisciplinarios para estudiar modelos de desarrollo adecuados a nuestro país y nuestro continente.

—Estudiar conceptos y métodos de acción no-violenta o, como diría Roger, el pastor de Taizé, de violencia de los pacíficos.

—Estudiar la existencia o inexistencia, adecuación o inadecuación y las distorsiones prácticas de las leyes relativas a las reformas de estructuras, teniendo como siempre en perspectiva la personalización.

Ejemplo de actuación de Acción, Justicia y Paz: a una señal dada, llevar al mayor número posible de universidades, grupos religiosos o grupos de trabajadores, la prensa escrita y hablada, a examinar este problema nada ingenuo: ¿dónde está atascada la reforma agraria en el Brasil? Que nadie diga que esto es reflexión y no acción. No queremos acción sin reflexión, sin seguridad, sin base. Reflexión firme, valerosa, bien llevada, ya es acción. Brasil y América Latina necesitan de la «concientización» como necesitan carreteras y energía eléctrica.

Acción, Justicia y Paz procurará:

—Estar alerta ante las injusticias más escandalosas, como éstas: situaciones de esclavitud; despidos colectivos en las zonas rurales o urbanas; injusticias o abusos salariales; no cumplimiento de los derechos del hombre, sobre todo en lo tocante a las clases menos favorecidas.

—Denunciar carreras armamentistas que dividan a los pueblos, malbaraten recursos, impidiendo toda auténtica integración.

—Denunciar la violencia contra causas justas, aunque sean abusivamente proclamadas ilegales. Acción, Justicia y Paz sabe que no todo lo legal es justo, ni todo lo justo es respetado por las leyes de los hombres.

—Denunciar los monopolios nacionales e internacionales y todo tipo de avance imperialista.

—Estar atenta a cualquier tipo de desarrollo sin justicia.

4. *Medios concretos de acción*

Una vez maduro el pensamiento de los grupos de reflexión y definida la opción no-violenta, se presentan muchos caminos para concretar los objetivos de Acción, Justicia y Paz:

—Reuniones «concientizadoras» bien planificadas, organizadas y dirigidas.

—Utilización inteligente de los medios de comunicación social, inclusive y sobre todo, la música y el teatro.

—Apoyo a huelgas justas.

—Promoción de grandes concentraciones y marchas como momentos culminantes de actividades bien planificadas.

—Reclamaciones pacíficas, incluso a riesgo de caer en prisión, en defensa de quien fuera detenido abusivamente al defender los derechos humanos.

III.- ¿Cómo actuar concretamente?

Algunas personas se estarán preguntando, tal vez, cómo ingresar en Acción, Justicia y Paz ¿Es posible, desde ahora, el ingreso en masa, el compromiso público?

Acción, Justicia y Paz no se interesa por la adhesión precipitada, emocional. Hoy, aquí, ninguna adhesión, ningún compromiso. A partir de mañana, quien se interese por

Acción, Justicia y Paz debe procurar unirse a un equipo de un mínimo de cinco personas y un máximo de 15, que estén igualmente interesadas en ingresar en Acción, Justicia y Paz. El que no quisiera darse el trabajo de encontrar de 5 a 15 compañeros o no fuera capaz de pensar o actuar en equipo, que desista de unirse a Acción, Justicia y Paz.

Dejen, pues, la lista de interesados, con los datos personales de cada uno y la dirección. Habrá, entonces, cursos de iniciación, que se comprometen a seguir quienes decidieran ingresar al Movimiento. Existiendo buena voluntad y decisión de servir, será válido cualquier grupo de 5 a 15 personas de cualquier edad (a partir de los 18 años) y con independencia de sexo, raza, color partidista o religión. ¿Dónde entregar las listas de 5 personas como mínimo y 15 como máximo? Aquí mismo, en el Centro Educativo de Comunicaciones Sociales del Nordeste, CECOSNE o en la organización juvenil D. Vital o en Manguinhos (Palacio Episcopal).

¿Cuántos seremos? ¿Qué valdremos? ¿Qué conseguiremos? ¿Cómo actuaremos? ¿No seremos ridículamente impotentes ante la muralla inexpugnable de las viejas estructuras injustas? ¿Estaremos en condiciones de colocar algo válido en lugar de lo que fuese destruido? ¿No estaremos inflando un globo más, destinado a desviarse mañana? ¿No seremos superados en breve por la violencia? Permitidme que responda a éstas y otras interrogantes que al final Dios existe, sigue existiendo, existirá siempre. Y estará siempre resuelto a castigar a los orgullosos y exaltar a los humildes. En la lucha entre David y Goliat, ¿quién no habría creído de antemano que el gigante aplastaría al pastor-niño que avanzó contra los filisteos? Con una honda y cinco piedras postró al gigante. Esas cinco piedras son: fe en Dios, confianza en la verdad, confianza en la justicia, confianza en el bien y confianza en el amor.

ANEXO 4:

PACTO DE LAS CATACUMBAS

(El 16 de noviembre de 1965, pocos días antes de la clausura del Concilio, cerca de cuarenta padres conciliares celebraron una eucaristía en las catacumbas de Domitila. Pidieron «ser fieles al espíritu de Jesús», y al terminar la celebración firmaron lo que llamaron El Pacto de las Catacumbas. El «Pacto» es una invitación a los «hermanos en el episcopado» a llevar una «vida de pobreza» y a ser una Iglesia «servidora y pobre» como lo quería Juan XXIII. Los firmantes —entre ellos muchos latinoamericanos y brasileños, a los que después se unieron otros— se comprometían a vivir en pobreza, a rechazar todos los símbolos o privilegios de poder y a colocar a los pobres en el centro de su ministerio pastoral)

Nosotros, obispos, reunidos en el Concilio Vaticano II, conscientes de las deficiencias de nuestra vida de pobreza según el Evangelio; motivados los unos por los otros en una iniciativa en la que cada uno de nosotros ha evitado el sobresalir y la presunción; unidos a todos nuestros hermanos en el episcopado; contando, sobre todo, con la gracia y la fuerza de nuestro Señor Jesucristo, con la oración de los fieles y de los sacerdotes de nuestras respectivas diócesis; poniéndonos con el pensamiento y con la oración ante la Trinidad, ante la Iglesia de Cristo y ante los sacerdotes y los fieles de nuestras diócesis, con humildad y con conciencia de nuestra flaqueza, pero también con toda la determinación y toda la fuerza que Dios nos quiere dar como gracia suya, nos comprometemos a lo que sigue:
—Procuraremos vivir según el modo ordinario de nuestra población en lo que toca a casa, comida, medios de

locomoción, y a todo lo que de ahí se desprende. Mt 5,3; 6,33s; 8,20.

—Renunciamos para siempre a la apariencia y la realidad de la riqueza, especialmente en el vestir (ricas vestimentas, colores llamativos) y en los símbolos de metales preciosos (esos signos deben ser, ciertamente, evangélicos). Mc 6,9; Mt 10,9s; Hch 3,6. Ni oro ni plata.

—No poseeremos bienes muebles ni inmuebles, ni tendremos cuentas en el banco, etc., a nombre propio; y, si es necesario poseer algo, pondremos todo a nombre de la diócesis, o de las obras sociales o caritativas. Mt 6,19-21; Lc 12,33s.

—En cuanto sea posible, confiaremos la gestión financiera y material de nuestra diócesis a una comisión de laicos competentes y conscientes de su papel apostólico, para ser menos administradores y más pastores y apóstoles. Mt 10,8; Hch 6,1-7.

—Rechazamos que verbalmente o por escrito nos llamen con nombres y títulos que expresen grandeza y poder (eminencia, excelencia, monseñor...). Preferimos que nos llamen con el nombre evangélico de «padre». Mt 20,25-28; 23,6-11; Jn 13,12-15.

—En nuestro comportamiento y relaciones sociales evitaremos todo lo que pueda parecer concesión de privilegios, primacía o incluso preferencia por los ricos y por los poderosos (por ejemplo, en banquetes ofrecidos o aceptados, en servicios religiosos). Lc 13,12-14; 1 Cor 9,14-19.

—Igualmente evitaremos propiciar o adular la vanidad de quien quiera que sea, al recompensar o solicitar ayudas, o por cualquier otra razón. Invitaremos a nuestros fieles a que consideren sus dadivas como una participación normal en el culto, en el apostolado y en la acción social. Mt 6,2-4; Lc 15,9-13; 2 Cor 12,4.

—Daremos todo lo que sea necesario de nuestro tiempo, reflexión, corazón, medios, etc., al servicio apostólico y pastoral de las personas y de los grupos trabajadores y económicamente débiles y subdesarrollados, sin que eso perjudique a otras personas y grupos de la diócesis. Apoyaremos a los laicos, religiosos, diáconos o sacerdotes que el Señor llama a evangelizar a los pobres y trabajadores, compartiendo su vida y el trabajo. Lc 4,18s; Mc 6,4; Mt 11,4s; Hch 18,3s; 20,33-35; 1 Cor 4,12; 9,1-27.

—Conscientes de las exigencias de la justicia y de la caridad, y de sus mutuas relaciones, procuraremos transformar las obras de beneficencia en obras sociales basadas en la caridad y en la justicia, que tengan en cuenta a todos y a todas, como un humilde servicio a los organismos públicos competentes. Mt 25,31-46; Lc 13,12-14 y 33s.

—Haremos todo lo posible para que los responsables de nuestro gobierno y de nuestros servicios públicos decidan y pongan en práctica las leyes, estructuras e instituciones sociales que son necesarias para la justicia, la igualdad y el desarrollo armónico y total de todo el hombre y de todos los hombres, y, así, para el advenimiento de un orden social, nuevo, digno de hijos de hombres y de hijos de Dios. Cf. Hch 2,44s; 4,32-35; 5,4; 2 Cor 8–9; 1 Tim 5,16.

—Porque la colegialidad de los obispos encuentra su más plena realización evangélica en el servicio en común a las mayorías en miseria física cultural y moral —dos tercios de la humanidad— nos comprometemos:

.-a compartir, según nuestras posibilidades, en los proyectos urgentes de los episcopados de las naciones pobres;

.-a pedir juntos, al nivel de organismos internacionales, dando siempre testimonio del Evangelio, como lo hizo el papa Pablo VI en las Naciones Unidas, la adopción de estructuras

185

económicas y culturales que no fabriquen naciones pobres en un mundo cada vez más rico, sino que permitan que las mayorías pobres salgan de su miseria.

—Nos comprometemos a compartir nuestra vida, en caridad pastoral, con nuestros hermanos en Cristo, sacerdotes, religiosos y laicos, para que nuestro ministerio constituya un verdadero servicio. Así,

.-nos esforzaremos para «revisar nuestra vida» con ellos;

.-buscaremos colaboradores para poder ser más animadores según el Espíritu que jefes según el mundo;

.-procuraremos hacernos lo más humanamente posible presentes, ser acogedores;

.-nos mostraremos abiertos a todos, sea cual fuere su religión. Mc 8,34s; Hch 6,1-7; 1 Tim 3,8-10.

—Cuando regresemos a nuestras diócesis daremos a conocer estas resoluciones a nuestros diocesanos, pidiéndoles que nos ayuden con su comprensión, su colaboración y sus oraciones.

Que Dios nos ayude a ser fieles.

Firmantes

No hay una lista oficial de los 39 obispos que estuvieron en la celebración de la misa en las catacumbas de Domitila el 16 de noviembre de 1965, cuando firmaron El Pacto de las Catacumbas. Querían tener una celebración discreta lejos de la prensa, con algunos obispos (originalmente se suponía que serían solo unos veinte), para evitar que su gesto de sencillez y compromiso fuera interpretado como una *lección* a los otros obispos. Tanto es así que la primera noticia de la celebración solo apareció en una nota de Henri Fesquet en el diario *Le Monde*, más de tres semanas más tarde, en la clausura del Consejo el 8 de diciembre de 1965, bajo el título «Un groupe d'eveques anonymes s'engage a donner le temoignage exterieur d'une vie de stricte pauvrete» («Un grupo anónimo de obispos se compromete a dar testimonio externo de una vida de estricta pobreza»; cf. Henri Fesquet, *Journal du Concile*, Forcalquier, Paris 1966, pp. 1110-1113).

La noticia no mencionó nombres, pero entre los papeles de Mons. Charles Marie Himmer, obispo de Tournai, Bélgica, que presidio la concelebración de la mañana y dirigió la homilía, existe una lista de los que participaron:

De Brasil

- Dom Antônio Batista Fragoso, obispo de Crateús, Ceara
- Dom Francisco Austregésilo de Mesquita Filho, obispo de Afogados da Ingazeira, Pernambuco
- Dom João Batista da Mota e Albuquerque, arzobispo de Vitória
- P. Luis Gonzaga Fernandes, que había de ser consagrado obispo auxiliar de Vitória
- Dom Jorge Marcos de Oliveira, obispo de Santo André, São Paulo
- Dom Hélder Cámara, obispo de Recife
- Dom Henrique Hector Golland Trindade, OFM, arzobispo de Botucatu, São Paulo
- Dom José María Pires, arzobispo de Paraíba
- Dom Aloísio Leo Arlindo Lorscheider, OFM, arzobispo de Aparecida
- Dom Cândido Rubens Padín, OSB, obispo de Lorena

De Colombia

- Mons. Tulio Botero Salazar, arzobispo de Medellín

- Mons. Antonio Medina Medina, obispo auxiliar de Medellín
- Mons. Aníbal Muñoz Duque, obispo de Nueva Pamplona
- Mons. Raúl Zambrano de Facatativá
- Mons. Ángelo Cuniberti, vicario apostólico de Florencia
- Mons. Gerardo Valencia Cano, vicario apostólico de Buenaventura

De Argentina

- Mons. Alberto Devoto, obispo de Goya
- Mons. Vicente Faustino Zazpe, obispo de Rafaela
- Mons. Juan José Iriarte, obispo de Reconquista
- Mons. Enrique Angelelli, obispo auxiliar de Córdoba

De otros países de América Latina

- Mons. Alfredo Viola, obispo de Salto, Uruguay
- Mons. Marcelo Mendiharat, obispo auxiliar de Salto, Uruguay
- Mons. Manuel Larraín Errázuriz, obispo de Talca, Chile
- Mons. Marcos Gregorio McGrath, obispo de Santiago de Veraguas, más tarde arzobispo de la arquidiócesis de Panamá, Panamá
- Mons. Leonidas Eduardo Proaño Villalba, obispo de Riobamba, Ecuador
- Mons. Sergio Méndez Arceo, obispo de Cuernavaca, Morelos, México

De Francia

- Mons. Guy Marie Riobé, obispo de Orleans
- Mons. Gérard-Maurice Eugène Huyghe, obispo de Arras
- Mons. Adrien Gand, obispo auxiliar de Lille

De otros países de Europa

- Mons. Charles-Marie Himmer, obispo de Tournai, Bélgica
- Mons. Rafael González Moralejo, obispo auxiliar de Valencia, España
- Mons. Julius Angerhausen, obispo auxiliar de Essen, Alemania
- Mons. Luigi Betazzi, obispo auxiliar de Bolonia, Italia
- Mons. Hugo Aufderbeck, obispo auxiliar de Erfurt, Alemania

De África

- Dom Bernard Yago, arzobispo de Abiyán, Costa de Marfil
- Mons. Joseph Blomjous, obispo de Mwanza, Tanzania
- Mons. Georges-Louis Mercier, obispo de Laghouat, Argelia

De Asia y América del Norte

- Mons. Máximo V Hakim, arzobispo melquita de Acre, Israel
- Mons. Grégoire Haddad, obispo melquita, auxiliar de Beirut, Líbano
- Mons. Gérard Marie Coderre, obispo de Saint Jean de Quebec, Canadá
- Mons. Charles Joseph van Melckebeke, de origen belga, obispo de Yinchuan, Ningxia, China

BIBLIOGRAFÍA

Enumeramos los libros que hemos consultado en la elaboración de este trabajo sobre Hélder Cámara:

.-*Espiral de violencia.* Hélder Cámara. Ed. Sígueme (1972)
.-*Para llegar a tiempo.* Hélder Cámara. Ed. Sígueme (1970)
.-*La Iglesia en el desarrollo de América Latina,* Dom Hélder Cámara. Ed. ZYX (1969)
.-*El desierto es fértil.* Hélder Cámara. Ed Sígueme (1972)
.-*Evangelio y justicia.* Hélder Cámara, A. Fragoso. Ed. ZYX (1970)
.-*La rebelión de los economistas,* Hélder Cámara. Ed. ZYX (1969)
.-*Hélder Cámara. El grito del pobre,* Feliciano Blázquez. Ed. Sígueme (1972)
.-*Cristianismo, socialismo, capitalismo,* Hélder Cámara. Ed. ZYX (1974)
.-*Las Conversiones de un obispo,* José de Broucker. Ed. Sal Terrae (1980)
.-*Hélder Cámara. Escritos,* Paulo Schilling. Colección Mira (1972)
.-*Razones para luchar,* Hélder Cámara. Ed. Voz de los sin voz.
.-*Evangelio con Dom Hélder Cámara,* Hélder Cámara. Ed. Voz de los sin voz
.-*Hélder Cámara, signo de contradicción.* Ed. Sígueme (1974)
.-*Hélder Cámara. Brasil ¿un Vietnam Católico?,* José Coyuela. Ed. Pomaire (1969)
.-*Ideario de Hélder Cámara,* Feliciano Blázquez. Ed. Sígueme. (1974)
.-*Dom Hélder Cámara. Testigo de la fe en América Latica.* Ed. Paulinas
.-*Hélder Cámara: Proclamas a la juventud,* Benedicto Tapia. Ed. Sígueme (1976)
.-*La profecía en la Iglesia,* José Comblin, Ed. PPC

.-*El Hombre ante la injusticia*, Hildegard Goss-Mayr. (1976)

.-*La revolución de los no-violentos*. Hélder Cámara. Dinor (1972)

.-*Obras Completas de Dom Hélder* Cámara (20 vols., Editora Vozes, 1970-1990), especialmente vols. 4-6 (correspondencia política y eclesial)

.-*Dom Hélder Cámara: Essential Writings* (ed. Francis McDonagh), Orbis Books (2009). Disponible en Google Books

.-Archivo: Fundación Dom Hélder Cámara (fundacaoHéldercamara.org.br), sección «Documentos Políticos»

.-*Correspondencia con Pablo VI en Dom Hélder Cámara*, Editora Paulus, (1995)

.-*Dom Hélder Camara: The Violence of a Peacemaker*, José de Broucker, Orbis Books (1970)

.-*Revolution Through Peace* (ed. John Eagleson), Orbis Books, (1971)

EDITORIAL ANAWIM

Quiénes somos

Sencillamente somos un pequeño grupo de cristianos, católicos, que hemos conocido el Amor de Dios. No sólo a nosotros sino a toda persona llamada a la existencia... y en un misterio cósmico que un día se revelará tras los dolores de parto, un Amor que envuelve y transfigura a toda criatura.

Esta vivencia, que ya ha trastocado todas nuestras vidas, es el motor de esta pequeña editorial. Una editorial que quiere estar atenta a los dolores del mundo, a ese caudal de sufrimiento que nadie puede calcular. Y a los destellos de belleza y de bondad que asoman por doquier, y a las esperanzas y alegrías de todas las gentes.

Qué pretendemos

En comunión con la Iglesia, con la conciencia de que sus llamadas más candentes, más ardientes, más comprometedoras, son desconocidas o situadas en un segundo plano en el alma de muchos hermanos. Así pues, una editorial para intentar, humildemente y confiando en la acción misteriosa de la Providencia, dar luz sobre unas «enseñanzas sociales» transidas de amor sobrenatural y de un lenguaje religioso personalista que remite al Señor de la Historia, Jesucristo...

Antiguas inquietudes que conservan todo su valor y vigor originales; personajes desconocidos, sorprendentemente desconocidos, y cuyas vidas son como una inaudita bocanada de esperanza y de verdad; nuevos retos, profundos, complejos, reducidos al fin a la sencillez de la respuesta del amor a cada cual... Todo con sabor a rebeldía, a disidencia, a la alegría del abandono en Dios a través de las luchas por un mundo justo y pacificado, hermanado a la sombra del Padre.

Todas las batallas que el papa Francisco ha expresado en la encíclica *Fratelli tutti*, todos los ámbitos de relación, con Dios, consigo, con los otros, con el universo... La no violencia activa y orante; la lucha por la paz; la justicia y la mística de la revolución social; el amor preferente por los últimos y los descartados; el inmenso y acallado mundo de los presos y prisioneros; los pueblos indígenas como custodios de sabidurías y últimos guardianes del paraíso acosado por la destrucción; las víctimas de los racismos y los combates por el honor y la libertad de todos; el universo de los adictos que aboca a los amores gratuitos; la dignidad de la mujer y el despliegue de todas sus específicas potencialidades; la complejísima e irresoluble cuestión de la identidad de los pueblos y el universalismo, solo abordable desde el espíritu con el que el Espíritu ungió a Gandhi; el mundo de las discapacidades y la justicia social y la voz que nos dice miremos a la persona en sí; los retos de la bioética desvinculados tanto de blasfemas sumisiones a la cultura dominante y sus leyes como de encorsetamientos conservadores... Y el ecumenismo de la pasión por el hombre, que nos conduce a encontrarnos en los caminos del sufrimiento con los hermanos separados. Y el rastrear huellas del Espíritu allí donde se manifiesten, en las religiones, en las culturas... El misterio de Israel, la fraternidad sobrenatural con las gentes del islam... Y la belleza de la Creación, el desafío de la suciedad, la desarmonía, la extinción...

Una mirada de tensión universal desde el misterio de la Iglesia, donde se abisman y se sacramentalizan los anhelos verdaderos de todo hombre y mujer, en todas las edades y latitudes.

Unos modos

Entonces... desproporción absoluta: desde la insignificancia y la pequeñez, pretensiones totales, querer llegar a escalar en medio de cánticos subversivos «las colinas creadoras de la protesta» (Martin Luther King), rodeados de una nube de testigos, como dice la Escritura.

Y en esta pequeñez agraciada cuidar los signos: un espíritu no lucrativo, querer ayudar a otros, si Dios lo permite y lo bendice, mediante la creación de trabajos vinculados a la marcha de la editorial. Permitir, por supuesto, la reproducción total o parcial de lo publicado. Usar de materiales lo más respetuosos posible de los dinamismos vitales de la «Hermana Madre Tierra» (San Francisco). Estar abiertos a la sorpresa respecto a las iniciativas.

OTROS TÍTULOS DE LA EDITORIAL

1.- SOBRE PETER MAURIN
(Dorothy Day)/**EASY ESSAYS. Ensayos simples**
(Peter Maurin, maestro espiritual
de la sierva de Dios Dorothy Day)

2.-A LOS PUEBLOS INDÍGENAS
(San Juan Pablo II)

**3.-DE FRANCISCO,
EL ABORTO Y LA DERECHA**
(Gerardo López Laguna)

**4.-DIARIO DE UNA CONVERSIÓN.
DE LA HEROÍNA A LA INTIMIDAD CON DIOS**
(Pedro Miguel, 1968-1997)

**5.-UNA APROXIMACIÓN CRISTIANA
AL FENÓMENO DE LA ISLAMOFOBIA**
(Gerardo López Laguna)

**6.-EL CLAMOR DE LA GRACIA.
EL HOMBRE A LA LUZ DE NICOLAS CABASILAS**
(José Manuel Alonso Ampuero)

**7.-DOROTHY DAY Y PETER MAURIN.
PENSAMIENTO EN ACCIÓN POR LA PAZ Y LA JUSTICIA**
(Ana Colomer)